Criação e ecologia na Bíblia

Luís I. J. Stadelmann, SJ

Edições Loyola

PREPARAÇÃO: Maurício B. Leal
PROJETO GRÁFICO E ILUSTRAÇÕES: Flávia da Silva Dutra
REVISÃO: Dayane Cristina Pal

Edições Loyola
Rua 1822 nº 347 – Ipiranga
04216-000 São Paulo, SP
Caixa Postal 42.335 – 04218-970 – São Paulo, SP
✆ (11) 6914-1922
📠 (11) 6163-4275
Home page e vendas: www.loyola.com.br
Editorial: loyola@loyola.com.br
Vendas: vendas@loyola.com.br

Todos os direitos reservados. Nenhuma parte desta obra pode ser reproduzida ou transmitida por qualquer forma e/ou quaisquer meios (eletrônico ou mecânico, incluindo fotocópia e gravação) ou arquivada em qualquer sistema ou banco de dados sem permissão escrita da Editora.

ISBN: 978-85-15-03353-9

© EDIÇÕES LOYOLA, São Paulo, Brasil, 2007

Sumário

7   Introdução

11   Antes da criação

17   Criação em sete dias

23   Criação do homem

29   Costela de Adão

35   Adão e sua parceira

41   Jardim do Éden

49   A serpente do paraíso

57   Domine sobre os animais!

65   As estrelas e as constelações

71   O hipopótamo na Bíblia

79   Caim e Abel

85   O Dilúvio

91   Torre de Babel

99   História da Salvação

109   Conclusão

113   Criação e ecologia nos Salmos

145   Bibliografia

Introdução

O tema da "criação" é estudado na teologia, ao passo que o tema da "ecologia" se aborda nas ciências naturais. São duas temáticas de vital importância para a sobrevivência da vida humana na terra, que aplicam a metodologia científica ao estudo do âmbito natural e sobrenatural do homem e, ao mesmo tempo, oferecem-nos a hermenêutica das relações homem–natureza. Sua importância está no fato de que questões teológicas e problemas ecológicos não são da competência de fanáticos que hasteiam a bandeira da subversão em vez da bandeira da preservação, opondo-se às iniciativas das instituições que estão engajadas na promoção do bem de toda a humanidade e da dignidade da pessoa. Além disso, não é da competência dos mitos ou das crendices ensinar idéias fatalistas ou utópicas sobre o destino da humanidade, pois o respeito pela natureza e pela vocação sobrenatural do homem, quando pensado em profundidade, impõe ao homem o reconhecimento dos limites não simplesmente empíricos, mas estruturais, que o condicionam.

Para a compreensão das questões ecológicas situadas nos limites entre a teologia e as ciências naturais investigamos a mensagem codificada nas leis da criação e a sabedoria dos antigos, que procuraram desvendar maneiras de interação entre o homem e as forças cósmicas e telúricas. Uns se inspiraram na revelação divina a respeito da pessoa humana e de sua missão na vida, outros procuraram nas especulações cosmológicas uma saída dos determinismos da natureza. A mentalidade mítica dos povos antigos ensinou-lhes a pensar que o mundo é uma totalidade viva, eivada de forças antagônicas, ao passo que a religião bíblica trata da mensagem do Deus transcendente atuando no mundo como Criador e Benfeitor. Por outro lado, as religiões não-bíblicas procuravam nos mitos cosmológicos a solução de seus problemas existenciais, mitologizando as forças da natureza em divindades. Na verdade, não estavam fugindo da responsabilidade dos homens de cumprir seu papel na história, mas estavam buscando uma saída de toda a sorte de determinismos: o fado, os astros, os demônios etc. Lembremos as palavras de Epicuro, filósofo grego da Antiguidade: "É melhor aceitar as fábulas sobre os deuses do que a doutrina sobre o destino cego dos fisicistas"[1].

---

1 Diogenes Laertius X.134, citado por Émile Bréhier, *The Hellenistic & Roman Age*, Chicago/London, University of Chicago Press, 1965, p. 82. Os "fisicistas" são aqueles que explicam o Universo por sua relação com as forças físicas.

Antes da criação

O cenário do mundo, antes de sua criação, é apresentado na Bíblia como um caos: "a terra está deserta e vazia, as trevas cobrem o abismo e o Espírito de Deus paira sobre as águas" (Gn 1,2). Com a criação começa a preencher-se o espaço do universo, tornando-se um cosmo.

A descrição da origem do mundo faz surgir a pergunta sobre a função do Espírito de Deus na obra da criação. A grande maioria dos exegetas, não percebendo essa função, recorre a um expediente que evade a questão e contorna a peculiaridade do texto original. Entendem a expressão "Espírito de Deus" como se significasse "vento impetuoso" ou "alento de Deus". Quanto ao verbo "pairar", os tradutores o interpretam no sentido de "soprar", "varrer", "bafejar".

Chave de leitura

Para abordar corretamente um texto deve-se analisar os termos, abstraindo de qualquer interpretação previamente estabelecida. Só assim poderão ser avaliadas as sugestões apresentadas. Ora, o verbo "pairar" tem um significado bem preciso: é intransitivo e por isso não tem objeto direto. Para determinar-lhe o sentido na frase recorremos às três passagens da Bíblia onde ele ocorre: "a águia, que desperta a sua ninhada, paira sobre os seus filhotes" (Dt 32,11); "o Espírito de Deus paira sobre as águas" (Gn 1,2); "meus ossos *tremem*" (Jr 23,9). A significação exata desse verbo é "mover-se de um lado para o outro", não havendo outras conotações baseadas no contexto. Não se admitem, portanto, significados como "soprar, varrer, bafejar" etc., empregados nas traduções atualizantes de Bíblias modernas.

Espírito de Deus

O conceito de "espírito", usado em alguns textos do Antigo Testamento, participa das mesmas características que os conceitos de "palavra" e "sabedoria". Constituem conceitos dinâmicos, que, aplicados a Deus, denotam uma relação de Deus com o mundo, apresentada de forma sugestiva. Ora, o "espírito de Deus" manifesta a presença e a ação de Deus em todo o tempo e lugar, abrangendo o cosmo como também a vida de cada pessoa. O sujeito ativo na criação do mundo é Deus, é o que se afirma na Bíblia, e não um demiurgo soprando sobre as águas ou uma força cósmica imanente ao universo. Em outros textos bíblicos se compara a força do Espírito de Deus a um vento impetuoso, para ilustrar o efeito causado na superfície da terra. Entretanto, no relato da origem do mundo, não se trata de uma imagem, mas do Criador como sujeito ativo da criação.

A ação do Espírito de Deus

Às "vésperas" da criação do mundo, na solidão profunda da noite só havia um único sinal de vida: uma ave solitária voando nas nuvens até esvoaçar sobranceira e pairar sobre a superfície das águas. Esta cena ilustrativa da origem do mundo encerra a revelação sobre a ação do Espírito de Deus na criação: "o Espírito de Deus paira sobre as águas". Esta frase expressa a ação específica do Espírito, comparada à ave que paira sobre o ninho. Eis a implicação do predicado na frase: trata-se da *paz de Deus* que precede à origem do mundo. E já que o Espírito de Deus estendia sua tutela sobre os abismos profundos, antes de sua separação entre terra firme e mar, da mesma forma continuará estendendo sua solicitude pelo mundo após a criação.

Desmitologização na Bíblia

Ao compararmos o relato bíblico da criação com os mitos antigos sobre a cosmogonia ressalta que, na origem do mundo, a Bíblia encontra a *paz de Deus*, enquanto a mitologia estabelecia a *luta dos deuses* contra as forças cósmicas como explicação. A essas cosmogonias corresponde sempre uma teogonia, isto é, os deuses se originam de um conflito com o deus supremo, e desse conflito surge o mundo. Enquanto a Bíblia relata a origem do mundo pela intervenção do Criador que cria o universo a partir do nada, os deuses da mitologia são apresentados em luta encarniçada contra forças naturais antagônicas, personificadas como deuses, de cujos destroços se originam a terra, o mar e todos os seres vivos.

Para entendermos a origem dessas concepções cosmogônicas, procuramos situá-las na situação sócio-histórica dos respectivos povos em que foram compostas. O denominador comum de todas elas é uma época de ausência de governo central e de desestabilização da ordem sociopolítica no respectivo país. Embora os grupos sociais se apegassem às crenças nos deuses locais, contudo se dava prioridade à organização do bem comum, e só depois se invocava a proteção dos deuses — atribuindo-se ao deus soberano do céu a autoridade suprema sobre os deuses tutelares de cada país. Se havia conflito no âmbito da terra, julgava-se ser esse o reflexo de um conflito no céu. Por isso, as concepções cosmogônicas espelham os conflitos na vida da sociedade, projetados para o panteão dos deuses.

Na Bíblia ocorre o inverso, pois não só se desmitologizam as crenças de outros povos, eivadas de conflitos de toda espécie, mas sobretudo se manifesta a revelação divina a respeito da configuração da vida humana segundo os desígnios traçados por Deus. Por isso, a mensagem da paz de Deus confirma a fé na ação eficaz do Espírito divino que continua a proteger o mundo.

Criação em sete dias

O relato da criação do mundo condensa em sete dias a atividade criadora de Deus, como consta na Bíblia: "Deus concluiu no sétimo dia a obra que havia feito; e no sétimo dia cessou toda a obra que tinha feito" (Gn 2,2). O remate da criação é o sétimo dia, pois Ele o "abençoou e santificou" (Gn 2,3). O motivo de se enquadrar a origem do mundo no período de uma *semana* é devido às coordenadas de tempo, às fases da lua, como coordenadas de tempo sobrepostas a todas as criaturas, cuja existência sobre a terra está relacionada com a vida, está sujeita à efemeridade, está condicionada pelas contingências do meio ambiente e tem uma finalidade última que se descobre na seqüência dos *dias* e na celebração do sétimo dia como remate de toda a semana.

Nos comentários bíblicos se costuma reduzir a obra da criação a seis dias, porque no sétimo não se teria acrescentado mais nada. É que o verbo "cessar" indica o término de toda a atividade da parte do Criador. Mas não se leva em consideração a ação realizada como remate aplicado à criação, como se "abençoar" e "santificar" não fizessem parte da obra criadora. Acontece, porém, que durante os seis dias foram criados os elementos do *mundo material*, no qual o homem se vê absorvido no contexto de relações com a natureza, em seu ecossistema, ao passo que no sétimo foram criados os elementos do *mundo religioso*, relacionado ao culto litúrgico.

O mundo material

A origem do mundo teve início por iniciativa de Deus quando mudou o caos em terra e o abismo em água. À criação do cosmo precedeu a *paz de Deus*, visualizada pelo Espírito de Deus pairando no espaço. Com isso se desmitologizam as crenças supersticiosas provenientes das religiões cosmogônicas, que atribuem a origem do mundo à *luta dos deuses* contra as forças cósmicas (v. 1-2).

A criação do mundo material é estruturada em seis etapas (Gn 1,1-31), dentro do período de uma semana e por mediação da Palavra de Deus. No *primeiro dia* foi criado o tempo (v. 3-5) com a origem da luz. No AT ainda não se sabia que a luz do dia provinha do sol. Essa luz estava relacionada com a manhã, com a alvorada e com o dia, sem mencionar-se o sol. Daí, a alvorada era o que separava a noite do dia, e não o nascer do sol; o crepúsculo introduzia a noite/as trevas, e não o pôr do sol. Pois a luz do dia era independente do sol, e era superior às trevas; luz e trevas foram criadas e estavam integradas na alternância do dia e da noite. Os astros (sol, lua e estrelas) não eram considerados corpos autônomos, mas eram subordinados à alternância do dia e da noite; eram atributos e sinais, respectivamente, do dia e da noite. O percurso e o movimento dos astros eram mais importantes do que sua função coadjuvante de fornecer luz. O sol funcionava como fonte de calor e energia vital, ao passo que as fases da lua e a posição das estrelas serviam para fixar o calendário. No *segundo dia* foi criado o espaço (v. 6-10), onde o firmamento constitui a superfície divisória entre as nuvens carregadas de água e a terra firme circundada pelo mar. No *terceiro dia* brotou a vegetação (v. 11-13). No *quarto dia* apareceram os astros (v. 14-19). No *quinto dia* vieram os peixes e os pássaros (v. 20-23). No *sexto dia* surgiram os animais terrestres e o homem, que é o ápice da criação (v. 24-31). Em sua dimensão sobrenatural baseiam-se duas atribuições do ser humano: a dignidade da pessoa, como ser criado à imagem de Deus, e a função de domínio sobre todos os animais. Nesse ensinamento está implícita a condenação da zoolatria, que leva à violação do que há de mais sagrado na pessoa humana: sua relação com Deus e sua realização pessoal.

O mundo religioso

No *sétimo dia* Deus encerrou a obra da criação, aplicando-lhe o remate final ao *abençoar* e *santificar* esse dia (Gn 2,1-3). Pelo fato de o próprio Criador abençoar o sétimo dia, Ele o tornou *benéfico* para a humanidade. Com essa afirmação o autor bíblico refuta a crença supersticiosa dos assírio-babilônios segundo a qual os dias 7, 14, 21, e 28 de cada mês seriam *nefastos*, porque no dia 28 terminava o mês lunar de 28 dias, sendo o dia da "morte" da lua, e porque nos dias 7, 14 e 21 terminavam, ou seja, "morriam" de alguma maneira as outras três semanas que compunham o mês. Essa superstição foi erradicada pela fé na eficácia da bênção divina que se recebe no culto religioso, onde o oficiante da liturgia é o intermediário da bênção que ele invoca de Deus sobre os fiéis.

O sétimo dia é *santificado* porque é dedicado a Deus. Esse dia representa ocasião própria para o encontro com Deus, em intervalos regulares. Isso implica a refutação da antiga crença egípcia segundo a qual a grande festa da deusa Ísis santificaria sucessivamente cada estação anual, cada mês e cada dia.

Daí a significação especial atribuída ao sétimo dia, por ser o "memorial" da bênção e santificação, que se celebra no culto prestado a Deus. O caráter sagrado desse dia deriva da liturgia celebrada pelos fiéis, que rendem ao Criador o louvor explícito ao qual se associa o louvor implícito das demais criaturas. Em Gênesis 2,1-3 não ocorre o termo hebraico *sabbat* e por isso não se trata explicitamente da instituição do sábado. Segundo a Tradição sacerdotal, o sétimo dia baseia-se na criação do mundo, ao passo que a instituição do sábado, como dia dedicado a Deus, fundamenta-se em Êxodo 20,8-11; 31,13-17.

Experiência religiosa na Bíblia

O caminho do homem para o encontro com Deus passa pelo mundo material e conduz ao mundo religioso, onde se celebra a união com Ele na liturgia. Por suposto, trata-se do mundo real em que vivemos, incluídos os sistemas biológicos e os fatores determinantes do meio ambiente em nível continental e interplanetário. Inspirado pela fé na criação, o ser humano descobre a tríplice relação que se impõe de forma determinante à sua experiência religiosa: relação com Deus, inserção no mundo e vivência da fé na liturgia. Essa fé se manifesta na atitude de *confiança*, baseada na ponderação de Deus sobre cada obra da criação: "Deus viu que era bom", pois Ele criou o mundo para sua glória. Tal atitude confiante do homem de fé se opõe à atitude de *medo* do pagão, por estar relacionado com os deuses mitológicos, com as forças cósmico-telúricas e com a idolatria. Era preciso, portanto, desmitologizar a crença nas forças cegas da natureza, personificadas como divindades, que se debatem em guerras entre si e fomentam guerras entre os homens. Como meio de defesa do homem surgiu a idolatria, que, em vez de libertá-lo, o submete à escravidão dessas forças cegas.

O gênero literário do relato bíblico é a *retrojeção*, cuja forma literária é a *retrodicção*. Consiste na narrativa de um assunto fundamental na história da salvação retrojetado a partir da época do autor bíblico (século V a.C.) para o início do mundo. O ambiente religioso e cultural é monoteísta, por isso na Bíblia não há mitos[1]. Em contrapartida, a mitologia é uma tentativa de oferecer uma explicação erudita da criação, no contexto cultural mitológico e no ambiente religioso politeísta, e por isso não é um relato plausível da realidade, porque a concepção de espaço e tempo é determinada pela mitologia.

---

1   Os mitos consistem essencialmente na inserção da divindade nas categorias do espaço e do tempo. Por isso, os deuses pagãos não se sobrepõem ao espaço e ao tempo, mas confundem-se com as forças naturais e estão sujeitos às influências cósmicas e ao determinismo do destino cego. Por outro lado, é muito instrutivo verificar nos textos bíblicos como as narrativas bíblicas, compostas pelos autores sacros como novelas e sagas, retrojetam para os primórdios as noções primitivas de tempo, espaço, causalidade e também os protagonistas dessas narrativas, mas sempre atentos em enfatizar o fato de que Deus Criador vem "de fora" sem se mesclar e se confundir com o mundo. Daí que Deus se debruça sobre a figura humana e sopra nas narinas, coloca o homem no Paraíso e vem ao encontro dele no Éden, faz uma visita ao patriarca Abraão e procura o profeta Elias na gruta do monte Horeb.

Criação do homem

Na atualidade existe grande interesse nas discussões científicas e religiosas sobre a origem do ser humano. Basta citar as novas descobertas de fósseis humanos, a pesquisa para desvendar o genoma de organismos e a reprodução de embriões em laboratório, que tende a se aprimorar até chegar à clonagem. Entre os geneticistas já não se procura explicar todas as características de indivíduos e seus comportamentos à luz da biologia, mas se admite a interação de múltiplos fatores. Nesse ponto é bom lembrar que o homem inteiro está em discussão e não apenas sua corporeidade. Daí a investigação da origem da espécie humana não ser, pois, operação redutiva, mas integrativa. Não se trata de dar prioridade à estrutura dos genes no organismo excluindo-se o contexto social da vida humana, ou de falar da estruturação do cérebro prescindindo do espírito.

A reflexão religiosa sobre a origem do ser humano abarca a vida corporal e a vida espiritual à luz da revelação divina. A Bíblia ensina: "Deus o Senhor formou o homem do pó da terra e soprou-lhe nas narinas o sopro da vida e o homem se tornou ser vivo" (Gn 2,7).

Criação do homem do pó da terra

A biologia molecular fala do DNA para identificar o material genético do corpo humano. O conjunto de células que compõem o nosso corpo é matéria orgânica. Entretanto, a Bíblia diz que o corpo humano foi feito do "pó da terra". Ora, o termo hebraico *'afar* (pó) significa a matéria bruta e inorgânica, nunca por si só algo orgânico. Os comentaristas procuram explicar esse texto partindo da experiência universal de que o corpo humano, depois de morto, se converte em "pó"; por isso, segundo o modo primitivo de tirar a conclusão disso, é que fundamentalmente está feito de "pó". Essa origem do corpo humano a partir do pó aparece na literatura clássica greco-latina, assim como no folclore oriental. Outra hipótese, proposta por alguns intérpretes, admite a possibilidade de tratar-se de uma etimologia popular do nome "Adão", significando, em hebraico, "aquele que é feito de barro vermelho" (*'adamah*), o que permite estabelecer uma analogia entre as partículas do corpo físico e o "pó da terra".

A concepção antropológica da Bíblia não é apresentada de maneira sistemática. Por isso os comentaristas recorrem a outros sistemas filosóficos para analisar e interpretar as passagens bíblicas referentes à situação existencial do homem. Segundo a antropologia hebraica, o homem, em todo o seu ser, é ao mesmo tempo "carne" (ser mortal), "alma" (dinamismo vital difundido em toda a pessoa) e "espírito" (vida unida à sua fonte divina). Ora, na filosofia de Platão o homem foi estudado a partir da dicotomia entre alma e corpo; o problema para ele é libertar a alma da prisão do corpo. Na concepção bíblica, porém, o corpo é a irradiação do espírito e o espírito está vinculado à própria realidade do corpo.

Criação do homem na terra

A interpretação de um texto bíblico tem de levar em conta sua característica como meio de comunicação da revelação divina, com duplo objetivo: primeiro, o *ensino* de uma verdade e, segundo, a *refutação* de um mito pagão. Esse texto visa ensinar-nos que o homem é criado na terra e, ao mesmo tempo, quer refutar o mito egípcio sobre a matéria cósmica que se teria usado na criação do corpo humano. Implica também a rejeição do mito da preexistência de membros humanos em forma separada que, antes da criação, se encontrariam no firmamento e posteriormente teriam sido ajuntados num corpo terrestre, segundo a mitologia egípcia.

Na concepção mítica dos antigos egípcios, o homem é apresentado como um microcosmo, isto é, um determinado organismo vivo, cuja imagem estaria localizada no firmamento, o espaço ocupado por uma divindade que representa o macrocosmo, isto é, o universo concebido como um organismo vivo. Cada um dos membros humanos se encontraria no céu empíreo acima do Zodíaco, em áreas alocadas a outros 36 ou 12 deuses. Isso se interpreta literalmente no sentido de cada membro do corpo humano possuir uma peça sobressalente no macrocosmo, situado no firmamento. Assim, cada membro do corpo existiria separadamente no firmamento antes de ser constituído como parte integrante do corpo terrestre de um indivíduo, isto é, a *preexistência do corpo*. Após a morte, cada uma das partes do corpo, juntamente com a alma, retornaria para o firmamento. Por outro lado, no orfismo e na filosofia platônica se ensinava a *preexistência da alma* independente do corpo terrestre.

Na antropologia bíblica a origem do homem se situa na terra e não no firmamento. Seus elementos corpóreos têm muita coisa em comum com as outras criaturas sobre a terra: esses elementos têm analogia com as partículas do "pó da terra" e não têm nada a ver com matéria sublimada, que se encontraria no firmamento. Além disso, a analogia entre o "pó da terra" e a matéria corpórea ilustra o fato de que o corpo humano não é substância completa, pois precisa da alma para lhe dar forma e para começar a existir, no momento da união de ambos; é que a alma se une ao corpo organizado e não aos elementos em vias de nele se integrar. Ora, o ser humano começa a existir quando tem sangue nas veias. Por conseguinte, não se aceita a crença na preexistência do corpo nem na origem do corpo antes da alma. Tampouco se pode admitir a concepção errada da preexistência atual de infinitas almas que se uniriam a diversos corpos. Finalmente, não é possível que uma alma penetre em qualquer corpo humano, devido ao princípio de proporcionalidade entre a alma deste homem e o corpo do mesmo homem.

O ser humano, obra-prima do Criador

O que nos desperta o interesse no texto bíblico da criação do homem não é o "ser" do homem, mas sim o seu "devir". Para expressar isso, o autor emprega uma metáfora como meio de transmitir a mensagem divina. Trata-se do processo de hominização, que não está sujeito à necessidade absoluta de um determinismo biológico, mas depende do conjunto de condições e causas da evolução e da causalidade criadora de Deus. A maneira sugestiva de mostrar o ser humano como obra-prima da criação é com a metáfora do Criador personificado pela figura de um artista plástico. O remate final da atividade criadora é o tratamento todo especial dispensado à figura humana que recebe da boca do Criador o hálito de vida, visualizando-se nesse gesto duas coisas: primeira, o dom da vida é um dom gratuito de Deus; segunda, a incomparável *dignidade da pessoa* e a função de *interlocutor com Deus*, as quais são poderosos estímulos para o homem usar sua voz, sua boca e seus lábios na proclamação da fé, no ensino das verdades divinas e na oração litúrgica da comunidade dos fiéis.

O autor bíblico delineia também outra imagem do homem. Acentua sua fraqueza e sua caducidade, já que o homem é formado do pó da terra e pelo sopro da vida que Deus lhe inspirou, o que faz dele um ser vivente. Deus pode retirar esse sopro vivificador do homem, como diz Eclesiastes 12,7: "o pó voltará à terra, como era, e o sopro voltará a Deus que o concedeu".

Concluindo, a questão da *origem do homem* é confiada principalmente às ciências naturais; à religião compete desvendar o *sentido do homem*, que deve sua existência e a conservação da vida a um ato de amor da parte de Deus. O motivo pelo qual o homem está posto no mundo é ser ele um misterioso compêndio do mundo, a fim de, contemplando o universo inteiro e recopilando-o em si mesmo, referir unicamente a Deus tanto a sua pessoa como as demais criaturas.

Costela de Adão

Na Bíblia ocorre a expressão "costela de Adão" no contexto da criação da mulher. Costuma-se interpretar o texto em sentido metafórico, como ilustração das frases da saudação que Adão dirige a Eva: "Esta finalmente é osso dos meus ossos e carne da minha carne! Esta chamar-se-á mulher porque esta foi tomada do homem" (Gn 2,23). Com essa frase se indica que as relações humanas estão baseadas na solidariedade, da qual resulta a experiência igualitária entre homem e mulher. Levanta-se, porém, a pergunta sobre o nexo entre a criação da mulher e a saudação do homem. Pensava-se que a metáfora que compara a mulher com um osso do homem se baseasse na descrição da criação de Eva a partir da costela de Adão, sendo o termo comum da comparação o osso que é tomado do homem para ser transformado na figura da mulher. É essa a interpretação da história bíblica que persiste até hoje e inspirou os botânicos a dar a denominação popular "costela-de-adão" à planta *Monstera deliciosa*.

"Figurino" em vez de costela

Há poucos termos hebraicos referentes à anatomia humana, entre os quais não consta "costela". A palavra hebraica *ṣēlāʿ* ocorre quatorze vezes no livro do Êxodo, com sentido da locução prepositiva "ao lado de". Em outros textos tem o sentido de um substantivo: a) "ala lateral"; b) "construção anexa"; c) "tábua, soalho de tábua"; d) "viga (sobre colunas)". Somente em Gênesis 2,21-22 ocorre essa palavra, erroneamente traduzida por "costela", devendo-se restituir-lhe o sentido original: "figurino". Esse sentido é obtido ao se situar a palavra no seu campo semântico, onde a palavra é usada nos textos antigos referentes à construção de casas e à fabricação de estátuas. A escultura está relacionada com a arquitetura: ambas tratam da execução de uma obra acabada.

Fabricação de uma estátua

A criação do homem e da mulher é descrita na Bíblia em analogia com a técnica da fabricação de estátuas (v. 2,7.21). Atribui-se a Deus o papel de um artista plástico que cria uma obra original servindo-se da técnica de escultura em voga entre os povos da Mesopotâmia. Pelo fato de algumas estátuas terem forma similar se conclui que, para todas elas, o mesmo "figurino" tinha sido usado. Era um arcabouço de vime entrançado ao qual se aplicava a massa de barro para plasmar a figura humana. De acordo com a finalidade da respectiva estátua, o escultor tomava um dos figurinos de seu ateliê que servisse de protótipo de um ser humano, quer corpulento ou esbelto, quer atarracado ou alto, ou do tipo mediano. A isso é que se refere a frase: "Ele tomou um de seus figurinos" (v. 21) de protótipos humanos. É de notar que os figurinos não tinham cabeça, braços ou pernas, pois essas partes do corpo eram fabricadas em separado.

Criação da mulher

A criação da mulher é descrita em termos de fabricação de uma estátua, na referência a Deus que se serviu de um "figurino, tomado do homem, que Ele amoldou numa mulher" (v. 22). Como remate, Deus "fechou o que fica debaixo dela com carne" (v. 21). Trata-se não do preenchimento de uma estátua oca, mas da constituição de uma criatura viva, cujas vísceras do abdome e os órgãos do tórax estejam em pleno funcionamento num corpo humano que tenha cabeça, braços e pernas, pois tal era a pessoa que Deus "apresentou ao homem" (v. 22). Bem outro é o sentido que se dá ao texto ao traduzir-se a expressão "debaixo dela" por "em seu lugar", sob a hipótese de um osso ter sido removido do tórax de Adão, preenchendo-se o lugar vazio pelo transplante de um músculo.

A inverossimilhança da explicação tradicional sobre a costela de Adão verifica-se no fato de que Adão não perdeu uma costela, nem nos homens falta uma costela, pois todos os seres humanos (homens e mulheres) têm doze pares de costelas.

A presença de Adão

A presença de Adão no ateliê durante a obra da criação da mulher se explica por três motivos: primeiro, Deus utilizou a figura de Adão na escolha de um figurino apropriado para a mulher; mas ele devia estar imóvel, para não interferir na obra de Deus, nem por sua presença ativa e muito menos pela presença passiva, porque a criação da mulher é obra só de Deus, por isso "Deus fez cair um sono profundo sobre o homem e ele adormeceu" (v. 21); segundo, a presença de Adão manifesta o fato de que Eva se encontra também no paraíso, onde Adão tinha sido colocado (v.15), e que ela está investida da mesma dignidade de pessoa, e que, portanto, a mulher não é inferior ao homem; terceiro, Deus quis ter Adão presente ao determinar o relacionamento homem–mulher, criando Eva para ser "uma auxiliar como parceira para ele" (v. 20). Não compete, portanto, ao homem impor à mulher seu lugar "atrás do homem" como mulher doméstica, conhecida como *rainha do lar*, ou "debaixo do homem" como mulher sensual, chamada *a gata*, ou então "diante do homem" como mulher combativa, designada *Maria tomba-homem*: designações usadas no mundo atual, segundo as quais as mulheres são enquadradas pela sociedade masculina.

A dignidade da mulher

A mulher tem a mesma dignidade de pessoa que o homem por causa de sua elevação ao *status* de nobreza: ambos encontram-se no jardim do Éden, que lhes permite fruir a proximidade de Deus. Pois, segundo a tradição religiosa da Mesopotâmia, o jardim anexo ao templo era destinado ao lazer da divindade tutelar do país e seu acesso franqueado unicamente ao rei e à sua consorte. Assim, a presença de Adão e Eva no jardim é comparável à da família real. À luz da elevação da natureza humana por Deus ao *status* de nobreza se entende a dignidade da criatura humana elevada ao *status* de filha de Deus pela graça santificante. Essa dignidade exímia é tarefa do homem "cultivar e guardar" (v. 15), tarefa idêntica que Deus impõe também à mulher desempenhar por ser "uma auxiliar como parceira para ele".

Adão e sua parceira

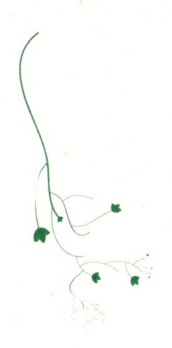

"Deus trouxe a Adão os animais, para ele ver como os chamaria; o nome de cada ser vivo seria o que Adão lhe desse. Ora, não havia entre eles para Adão uma parceira, que o auxiliasse" (Gn 2,19-20).

Para Adão receber uma parceira havia algumas condições prévias a preencher. Elas podem parecer estranhas para nós, mas o autor bíblico tinha seus motivos. É o que vamos explicar.

Deus encarregou Adão de dar nome a cada um dos animais. Ao nomeá-los, Adão exerce domínio sobre o mundo animal e especifica a função e a utilidade de cada um na natureza e em relação à humanidade. Já que não se mencionam critérios segundo os quais são escolhidos nomes apropriados a cada espécie, temos de dar uma olhada na *taxonomia zoológica*.

A taxonomia zoológica para fins *teóricos* é a classificação das diversas espécies do mundo animal visando ao estudo. Porém, neste texto não entra em questão a finalidade teórica, pois Deus não precisa de uma demonstração da capacidade intelectual do homem para comprovar que Adão é de fato um *homo sapiens*. Tampouco é do interesse do autor bíblico mostrar o estágio final da evolução do *homo erectus* para *homo sapiens sapiens*. E muito menos Adão é submetido a um experimento para que se convença de que não vai encontrar um primata que lhe sirva de auxiliar.

A taxonomia zoológica para fins *práticos* trata da utilidade dos animais para o homem. A esta refere-se a Bíblia em Gênesis 2,20. Desde tempos antigos especificavam-se os animais de acordo com sua serventia para o homem: "gado leiteiro" (vacas, cabras); "gado lanígero" (ovelhas, lhamas); "animais de abate" (bois, porcos, aves); "animais de caça" (veados, lebres, javalis); "animais de carga" (mula, camelo); "animais de tração" (cavalo, bois); "animais de montaria" (cavalo, dromedário); "animais de estimação" (pavão, canário, papagaio, gato, cachorro); "animais nocivos" (insetos, cobras).

Surge a questão sobre o papel de Eva na vida de Adão. Ela terá uma função de utilidade, em proveito do homem, ou espera-se dela algo bem diferente?

A parceira do homem

Para que precisa Adão de uma parceira? A resposta da Bíblia concerne à mútua assistência de que os seres humanos necessitam para o desempenho de sua missão de "cultivar e guardar o jardim do Éden" (Gn 2,15). O tema em discussão é o sentido do jardim, onde exercem a atividade que lhes foi imposta. Se o jardim fosse tomado em sentido literal, Adão e Eva estariam engajados no cultivo da terra. Nesse caso, Adão faria melhor se empregasse um boi que lhe puxasse o arado. Ora, não é da intenção de Deus introduzir Adão no uso de animal doméstico no trabalho da lavoura. Para guardar o jardim contra invasores clandestinos seria melhor um cão de guarda. Entretanto, o sentido de parceira é bem diferente se o jardim do Éden é tomado em sentido figurado: o jardim, descrito como um lote da família real, no qual Adão e Eva estão estabelecidos, trabalhando como gente da corte, simboliza o estado de graça.

O jardim do Éden

O autor bíblico descreve o jardim do Éden como o *habitat* do primeiro casal criado na terra. Ao oferecer detalhes descritivos, utiliza a representação pictográfica do jardim mesopotâmico e um dado da tradição religiosa, que os assírios herdaram dos sumérios, acerca do jardim reservado ao deus tutelar. O costume sumério explica a razão de existir um jardim anexo ao templo da divindade protetora da cidade. Ele era destinado ao lazer da divindade e seu acesso franqueado unicamente ao rei e à sua consorte. Assim, a presença de Adão e Eva no jardim é comparável à da família real; não são intrusos ou estranhos indesejados. O cenário, bem sugestivo, indica que Adão e Eva foram elevados ao *status* de nobreza ao ser admitidos a morar no jardim. À luz da elevação ao *status* de nobreza se entende a menção de ouro, pedras preciosas e incenso, na área do jardim, pois são materiais preciosos, dignos de um rei (Gn 2,11-12).

O sentido da presença de Adão e Eva no jardim do Éden não deve, pois, ser buscado a partir de considerações ecológicas ou dos anseios humanos por um Shangri-lá, mas fundamenta-se na elevação da natureza humana ao *status* de nobreza. É uma exímia dignidade, que não se adquire por nascimento, mas recebe-se como dom de Deus à criatura humana, elevada, pela graça santificante, ao *status* de filha de Deus. A presença de Adão e Eva no jardim permite-lhes fruir a *proximidade de Deus*. Mas essa proximidade não é extrínseca, pelo fato de perambularem pelos caminhos do jardim e terem ocasião de encontrar a Deus durante o passeio vespertino (Gn 3,8). É intrínseca, por causa do *status* de nobreza a eles inerente: a graça santificante.

Além disso, é significativo para nós o fato de os moradores do jardim serem designados como Adão e Eva, nomes que os identificam como representantes da humanidade. Numerosa como ela é, precisa de um espaço vital suficientemente amplo para viver. E onde quer que viva há as mesmas condições para fruir a proximidade de Deus. Por isso, o mundo inteiro é visualizado como um imenso parque real, onde Deus está rodeado de seus hóspedes de honra.

Homem e mulher no jardim

Para o autor bíblico, a mulher, sendo auxiliar e parceira do homem, não pode reduzir-se à condição de criada, com uma utilidade prática. Já foi mostrada a utilidade prática que o mundo animal oferece ao homem, e agora aponta-se para a incapacidade de algum animal partilhar a convivência humana em todas as suas formas, embora um animal de estimação possa ser companheiro do homem e preencher-lhe a solidão. A tentativa de tratar a mulher como um *meio* ou como uma *função* a serviço do homem é uma inversão da ordem de *dignidade da pessoa* pela ordem da utilidade. Importa afirmar a dignidade do ser humano por ele mesmo, sem nenhum outro motivo ou razão. Cada pessoa é absolutamente insubstituível e única. A criação de uma pessoa mostra que o amor do Criador por sua criatura é o amor de um Pai por seu filho. A relação dos pais com cada um de seus filhos é única e pessoal, pois não privam de nada a nenhum de seus filhos, amando a cada um como se fosse filho único.

A tarefa imposta por Deus a Adão e Eva é cultivar e guardar o jardim, que simboliza o estado de graça. Adão precisa de uma auxiliar no exercício dessa tarefa, para que sua dignidade de filhos de Deus seja mutuamente reconhecida em vida e o *status* sobrenatural seja mantido e desenvolvido no dia-a-dia. Mas o fator determinante é o amor a Deus e ao próximo, que fundamenta o estado de graça, porque a pessoa só se transcende a si mesma quando sua existência, imbuída de amor, é partilhada com os de sua família e se estende para Deus, por meio de sua ação participativa na missão da comunidade de fé.

Já que a discriminação contra a mulher era uma constante na sociedade do mundo antigo, o autor bíblico retrojetou para o início da história humana uma reflexão teológica, baseada na revelação divina, sobre a dignidade da mulher. Era preciso mostrar que a tentativa de tratar a mulher como uma função a serviço do homem é uma inversão da ordem da dignidade da pessoa pela ordem da utilidade.

Jardim do Éden

Na criação, a terra mudou do caos para o cosmo e tornou-se habitável com a iniciativa do homem de introduzir a irrigação de áreas devolutas e de recuperar o solo sáfaro por meio de corretivos para servir ao plantio de sementes (Gn 2,4-6). O fator decisivo da vida na terra está ligado com a ecologia e com o *trabalho* do homem. O segundo elemento não menos importante da qualidade da vida sobre a terra é a civilização acompanhada de tendências à personalização e à socialização, onde a *família* é valorizada como célula-mãe da sociedade (Gn 3,22-24). O terceiro aspecto da vida humana é o *lazer* na presença de Deus para diluir as tensões e recuperar as forças após o desgaste com o trabalho e com as preocupações com o sustento (3,8).

É importante notar que o consenso geral sobre a necessidade do lazer ao ar livre como uma alternativa ao confinamento durante as horas de trabalho está valorizando a relação da vida humana com o "jardim" em meio à natureza, ou seja, o fim de semana na casa da praia, ou então na serra, ou simplesmente à sombra da árvore no quintal, ao ar livre, sem o efeito da poluição. Embora o ambiente físico seja propício ao *relax*, todavia não preenche o tempo livre, porque serve apenas para fugir do corre-corre do dia-a-dia ou da mesmice da rotina. É preciso, no entanto, valorizar a vida no cultivo da tríplice liberdade quanto à relação com as aspirações pessoais, com o próximo e com Deus. São três dimensões da vida humana: a intimidade pessoal, a relação social e a união com Deus, que na espiritualidade do tempo livre se coligam de tal forma com vistas à restauração da pessoa, de sua socialização e de sua solidariedade com tudo o que o lazer no "jardim do Éden" oferece.

As árvores do jardim

A flora do jardim é constituída de árvores frutíferas. Delas, apenas duas são especificadas: "árvore da vida" e "árvore da ciência do bem e do mal". Quanto à primeira, é de notar que em todas as literaturas antigas ocorre a crença na imortalidade relacionada com a "árvore da vida". O autor valoriza essa crença, modificando, porém, seu teor de maneira a ressaltar que a imortalidade não é "fruto" de uma árvore mágica, que alguns privilegiados podem adquirir por si mesmos, mas é dom de Deus.

A "árvore da ciência do bem e do mal" corresponde às árvores sagradas do culto idolátrico nas religiões pagãs, tais como o coqueiro na Babilônia, o marmeleiro na Índia, o carvalho na Grécia e nos países nórdicos. À sua sombra se estabeleciam os princípios da ordem moral sancionada pela divindade, quer por meio de cultos sagrados (por exemplo, sacrifícios humanos no culto idolátrico), tradições religiosas (por exemplo, licenciosidades em honra de Vênus), heranças culturais (por exemplo, ritos de fertilidade) ou costumes sociais (por exemplo, a matança de prisioneiros inimigos). A intenção do autor javista, ao colocar essa árvore no jardim, é indicar que a ciência do bem e do mal só se obtém por revelação de Deus, e que a opção pelo bem ou pelo mal é um ato essencialmente moral, que acarreta sanção divina. Convém fazer a distinção, porém, entre o conhecimento do bem e do mal como expressão de conhecimento universal absoluto (segundo a noção semítica de totalidade)[1] e o conhecimento do bem e do mal como privilégio de Deus de que o homem quer apoderar-se através do pecado. Por conseguinte, não significa "onisciência", que o ser

---

[1] A noção de "totalidade" é expressa em hebraico pelo pronome indefinido "tudo" (*ha-kôl*), ou por dois termos opostos em justaposição: "céus e terra", "bem e mal", "frio e calor" etc.

Jardim do Éden

Árvore
da vida

humano não possui, nem é dicernimento moral, que ele já possuía. Trata-se do poder de decidir por si mesmo o que seja bom ou mal e agir à luz desse conhecimento. É a pretensão à autonomia moral da criatura que recusa admitir seu *status* de um ser criado.

Localização do Éden

O jardim, localizado no território do Éden, é regado por um rio, com quatro canais[2]. O nome Éden é derivado do acádico *Bīt Adini* e designa uma região da parte central

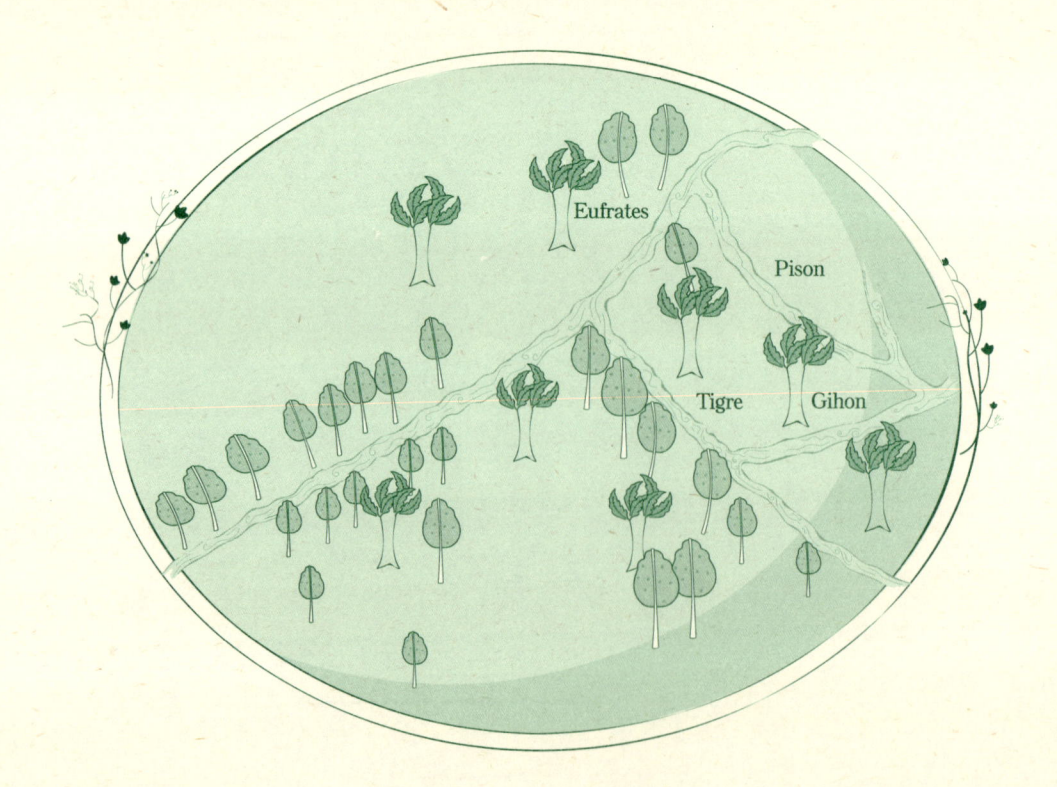

---

[2] Entre os nomes dos quatro canais do Jardim do Éden são mencionados o "Eufrates" e o "Tigre". O motivo da referência a esses rios perenes da Mesopotâmia não é indicar a largura dos canais, mas sim a qualidade da água corrente, em contraste com água estagnada e salobra que se acumula nas sangas e valas de esgoto.

da Mesopotâmia, situada nas duas margens do Eufrates. Essa região geográfica corresponde à indicação genérica "ao Oriente". Antigamente se pensava, porém, que a palavra "Éden" fosse derivada do sumério-acádico *edinu*, "estepe", e por isso surgiu a idéia de um "Eldorado", onde estivesse situado o "Jardim do Éden". Pois um jardim com águas abundantes e vegetação exuberante não se encontra na estepe, que, por definição, é um lugar ermo.

Contexto histórico da narração

Pensava-se até agora que a escola javista, à qual se atribui a narrativa de Gênesis 2, exercera suas atividades literárias somente durante os séculos X-IX a.C. Entretanto, à luz de dados recentes, podemos afirmar que os membros dessa escola continuaram a escrever até a época do Exílio (587 a.C.). Em Nínive foi encontrado um alto-relevo, localizado no palácio do rei Assurbanipal (668-626 a.C.), que representa um jardim anexo a um templo, ligado a um caminho que atravessa o jardim com quatro canais de irrigação e diversos tipos de árvores. É, portanto, uma representação pictográfica semelhante ao jardim descrito pelo autor javista. Surge a pergunta sobre a possibilidade de o javista ter visto esse alto-relevo ou talvez de um israelita lhe ter falado em Jerusalém do que tinha visto no palácio real de Nínive. A hipótese é plausível, pois ele poderia ter acompanhado o rei Manassés em sua viagem à Babilônia. Em 2 Crônicas 33,11 consta o relato da deportação do rei Manassés para a Babilônia e de sua repatriação a Judá, pelo ano 643 a.C. Com efeito, quando o rei Assurbanipal marchou contra o Egito, forçou Manassés a acompanhá-lo até o Egito, mantendo-o em sua comitiva ao voltar à Mesopotâmia, passando provavelmente por Nínive. A viagem à Babilônia, em lugar de Nínive, capital da Assíria, se explica pelo fato de o rei assírio Assurbanipal, desde 648 a.C., possuir duas residências oficiais, preferindo, no entanto, a da Babilônia. Após o retorno de Manassés a Jerusalém, o autor javista teria composto a descrição do jardim do Éden, dando um significado transcendente às idéias do alto-relevo assírio. Na Bíblia faz parte da história dos primórdios da humanidade porque tem validez para a história salvífica universal.

A serpente do paraíso

No relato bíblico da origem da humanidade consta uma breve narrativa sobre a serpente no paraíso (Gn 3). Sua linguagem popular e figurada levou muitos intérpretes a procurar paralelos na literatura extrabíblica e os fez pensar que seu significado se deduz da forma literária. Ora, uma narrativa sobre animais que falam define-se como apólogo ou, como os gregos a designavam, como "mito". Da forma literária concluiu-se que o conteúdo fosse pura ficção, no âmbito do inverossímil, cabendo ao leitor a tarefa de tirar uma lição de moral. Mas há uma enorme diferença entre mitos e histórias bíblicas. Pois todos os mitos e lendas — que podem ser tomados como fábulas — originam-se da cultura e da religião politeísta. A Bíblia originou-se da cultura e da religião monoteísta e por isso não pode conter mitos nem fábulas. Isso se explica pelo fato de que Deus se sobrepõe ao espaço e também ao tempo, enquanto nos mitos a própria divindade se confunde com os fenômenos naturais.

A análise de todas as narrativas bíblicas da história dos primórdios (Gn 1–11) permite assinalar a presença de certos elementos relacionados à forma, à composição e ao conteúdo. A esses elementos denominamos gênero da *retrojeção*, cuja expressão literária é a forma da *retrodicção*. Para compreender o sentido dessas narrativas é necessário, portanto, levar em conta a época de sua composição (século VII a.C.), quando o autor bíblico retrojetou o conteúdo em sua forma literária para os primórdios da história.

Tentação ao pecado

A narrativa sobre a serpente no paraíso situa-se no contexto da tentação concebida como incitação ao pecado a que Eva e Adão cederam. O pecado implica aversão a Deus (*aversio a Deo*) e adesão à criatura (*conversio ad creaturam*). Todo pecado traz implícito em si mesmo o pecado fundamental da idolatria. Por ele, a criatura se nega a retribuir o amor do Criador.

É incrível que Israel tenha podido preservar-se da contaminação idolátrica do ambiente cananeu, no qual se inseria a vida do povo de Deus. Mas graças ao esforço dos profetas, em luta implacável contra as divindades telúricas e cósmicas, o espaço das relações humanas foi desmitologizado do caráter sagrado atribuído às forças da natureza. Foi banido o culto à deusa Astarte, cuja imagem astral era a serpente.

Desmitologização

Para compreender o simbolismo da serpente que fala é preciso identificar esse tipo de animal e sua função. Classifica-se a serpente entre os animais nocivos (por exemplo, cobra), segundo a taxonomia zoológica, e entre os animais simbólicos (por exemplo, Dragão, Hidra, Serpente, Via Láctea), segundo a taxonomia astronômica. Na narração bíblica (Gn 3) ocorrem as duas taxonomias: a serpente astuta que fala é figura astronômica, ao passo que a serpente que rasteja sobre o ventre, come pó e pica (v. 14-15) é animal nocivo, segundo a classificação zoológica. Trata-se aqui do mesmo animal em dois estágios sucessivos de existência: celeste e terrestre. Mediante o processo de desmitologização, o animal astronômico é removido do firmamento e rebaixado à terra, condenado a rastejar como cobra sobre o pó.

O simbolismo da árvore

Para explicar a função dessa serpente é preciso abordar o confronto entre duas autoridades supremas no âmbito da moral: o Deus da revelação histórica *versus* as divindades da religião cosmológica. Isso é expresso em linguagem figurada pela "árvore da ciência do bem e do mal", colocada por Deus no paraíso, significando que a ciência do bem e do mal só se obtém por revelação de Deus e que a opção pelo bem ou pelo mal é um ato essencialmente moral, que acarreta sanção divina. Por outro lado, a "árvore da ciência do bem e do mal" corresponde às árvores sagradas do culto idolátrico nas religiões pagãs.

A serpente do paraíso

Para identificar a divindade a que se alude aqui, temos de analisar a imagem da serpente astuta que fala. A chave *hermenêutica* é o verbo "ser astuta", que qualifica a serpente. Ora, só existe uma serpente, cujo nome é derivado do verbo egípcio *spd* "ser astuto" = *Spdt*, "Sothis", a divindade que se manifesta no Sirius, a grande estrela da constelação do Cão Maior. Dela, temos uma reprodução pictográfica do antigo Egito. Apresenta a deusa Ísis em forma de serpente que simboliza a Via Láctea, o anel luminoso que envolve a esfera celeste. O olho da serpente é Sirius (a estrela alfa da constelação do Cão Maior), cujo nome egípcio é *Spdt*, derivado do verbo *spd*, "ser astuto". Sirius é, portanto, *pars pro toto* do conjunto estelar. Acima da serpente está a figura de Osíris, cujo astro é Prócion (a estrela alfa da constelação do Cão Menor). Essas divindades exercem a função de juízes dos mortos ou guardas da entrada ao reino dos mortos. Estão colocadas cada uma em seu lado da Via Láctea, que representa o caminho das almas para o paraíso. Segundo a crença egípcia, as almas dos mortos seriam levadas ao céu e, no início de cada "década" (a semana egípcia de dez dias), as que se tornaram "divinas" aparecem, ou seja, estão vivas, porque voltam periodicamente ao firmamento. A imortalidade é concebida como sobrevivência da alma no céu em analogia com o aparecimento periódico das estrelas no firmamento. À luz dessa explicação se entendem as palavras da serpente de que os seres humanos não "iriam morrer" (v. 4) e que "seriam como deuses" (v. 5). Na gravura aparecem também cinco planetas, com o hieróglifo *ankh* (= cruz ansada[1]), que significa "viver" ou "aparecer"; três deles estão prestes a desaparecer. O significado desses símbolos é expresso pelo ideograma hieroglífico *šd*, "salvador" (no plural), referindo-se a Ísis e Osíris como salvadores da humanidade. A serpente que fala é a manifestação da divindade astral por meio do oráculo. Qual a razão de apresentar a deusa por meio de uma serpente? A resposta é dada pelo costume egípcio de usar a figura da serpente, desde os tempos mais remotos de sua história, para representar um atributo das deusas sem significado específico; a serpente é um símbolo hieroglífico usado em época tardia para designar a palavra "deusa".

---

1 Cruz egípcia cuja haste superior está arredondada em forma de anel.

Divindade astral

A identificação da deusa, conhecida como "Rainha do Céu", depende do âmbito cultural no mundo antigo. Trata-se de uma divindade astral designada como Ishtar na Mesopotâmia, Astarte em Canaã e Ísis no Egito. Ishtar e Astarte são divindades correlatas quanto ao culto idolátrico, cuja característica comum é o rito da fertilidade. Nele se oferecia um bolo chamado *kawān* (em hebraico) e *kamānu* (em acádico), preparado com figos secos ou mel. Esse culto era praticado por pagãos e alguns israelitas em Judá (Jr 7,17s.) e pelos judeus refugiados no Egito (Jr 44,17-19). Quanto à relação entre Astarte e Ísis, mencionamos o mesmo título "Rainha do Céu" e a mesma função como deusas da fertilidade, contudo Astarte sempre era considerada, no Egito, uma divindade estrangeira.

Pecado de origem

A narrativa de Gênesis 3 tem finalidade catequética para toda a humanidade e faz também séria advertência aos contemporâneos do autor bíblico, a julgar pela polêmica antiidolátrica contra o culto da "Rainha do Céu". Para os israelitas, a apostasia do javismo é o pecado de origem: primeiro, porque é cometido no início de cada geração e se repete ininterruptamente, pois os filhos aprendem dos pais a prática do culto idolátrico (Jr 44,17); e, segundo, porque dá origem a outros pecados, pois a idolatria destrói a liberdade, submetendo o indivíduo à escravidão das forças cegas. Por outro lado, a origem do pecado é atribuída à iniciativa humana, por instigação da "potestade das trevas" (Cl 1,13). Sendo Adão e Eva nomes coletivos, o pecado cometido por eles é uma realidade coletiva no gênero humano. Mas, por iniciativa de Deus, a história da humanidade não está sob o signo da perdição, mas da salvação que Jesus Cristo vem realizando ao longo da vida de cada pessoa.

Domine sobre os animais!

A Bíblia começa com o relato da criação do mundo e mostra como, desde o próprio início dos tempos, Deus escolheu o homem para ser o rei dos seres criados. Isso está expresso nesta passagem: "Deus disse: 'Façamos o homem à nossa imagem e segundo nossa semelhança, para que domine sobre os peixes do mar, as aves do céu, os animais domésticos e todos os animais selvagens e todos os répteis que se arrastam sobre a terra'" (Gn 1,26).

A filiação divina

Para explicar o sentido do texto consideramos primeiro o teor da frase principal, que trata do ser do homem, e depois o da frase secundária, que explicita sua função. Chama a atenção o plural do verbo "façamos" que tem o sentido do singular. É uma peculiaridade literária, usada no hebraico, para expressar a deliberação[1] que precede

---

[1] "Plural de deliberação", cf. P. Joüon, T. Muraoka, *A Grammar of Biblical Hebrew* II, Roma, Pontifical Biblical Institute, 1991, Part Three: Syntax, § 114e. Trata-se de uma deliberação do sujeito consigo mesmo. É de notar que o "plural majestático" não existe no hebraico como existe em português, que emprega o pronome "nós" com valor de "eu" por reis, papas e prelados.

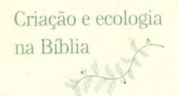

à ação. O ser humano foi criado por Deus "à sua imagem e semelhança", indicando-se que sua relação com Deus não era apenas de dependência, mas também de amizade. Essa amizade é um dom de ordem sobrenatural, que eleva o ser humano ao estado de filho de Deus: eis o que significa ser ele criado à imagem e semelhança de Deus: *selem* (imagem) de ordem natural, *demut* (semelhança) de ordem sobrenatural. O homem é, pois, a única criatura dotada de graça santificante[2]. Ela qualifica o ser no âmbito ontológico, e o agir no âmbito ético, social e religioso, no qual o homem se torna o interlocutor idôneo no diálogo com Deus. O Catecismo formula tal verdade dizendo que "o homem é criado para louvar, reverenciar e servir a Deus". Trata-se, portanto, da filiação divina concedida ao ser humano por meio da graça santificante.

Entre o Criador e as criaturas existe uma relação assimétrica: assim, as criaturas estão em "relação real" (*relatio realis*), ao passo que o Criador tem com elas uma "relação de razão" (*relatio rationalis*)[3]. Deus, como Ser Absoluto pessoal, está em relação com entes contingentes que têm abertura ao absoluto em virtude da autoconsciência pessoal. Segundo a explicação bíblica, "o homem é imagem e semelhança de Deus" (Gn 1,26) e é o interlocutor qualificado para entrar em diálogo com Deus na liturgia e na vida. E nisso é completamente diferente dos animais.

A função do homem

Impõe-se ao homem, por causa de sua criação à imagem de Deus, a tarefa de "dominar sobre os peixes do mar, as aves do céu, os animais domésticos e todos os animais selvagens e todos os répteis que se arrastam sobre a terra". Os comentaristas entendem

---

2 "O ser humano torna-se espiritual e perfeito por causa da infusão do Espírito, e é isso que o torna à imagem e semelhança de Deus", nas palavras de Sto. Irineu, *Contra Haereses* V,6,1. Outra interpretação da literatura rabínica: "Deus criou a humanidade na imagem dos anjos (*ĕlōhîm*)", conforme Shmuel Ben Meir e Avraham Ibn Ezra.

3 *Suma Teológica* I, q. 45, a. 3. Implica uma relação racional entre o Criador e a criatura, não, porém, uma relação real. Ora, o conceito de "pessoa" designa a natureza racional de Deus, dos anjos e do ser humano.

tal frase como movimento da defesa dos animais, e recentemente como promoção da *ecologia animal*. Pensava-se tratar-se da função análoga à de um primata que exerce seu domínio sobre os animais pela força e pela astúcia. Se fosse esse o caso, o *homo sapiens* teria de mostrar sua supremacia por meio da pesca, da caça, da domesticação ou da extinção de animais nocivos. Entretanto, seria estranho que Deus exigisse do homem demonstração de sua capacidade de *homo sapiens*.

Animais sagrados da zoolatria

Se se tratasse de animais da zoologia, não haveria outra saída a não ser explicar o sentido do texto como se costumava interpretar até agora. Mas a coisa muda de figura se o autor bíblico tinha em vista algo bem diferente do que comumente se imagina. A chave hermenêutica é a dupla referência ao domínio do homem sobre os animais (Gn 1,26.28). É uma das formas literárias usadas na Bíblia para enfatizar um enunciado. Nesse caso, se quer chamar a atenção do leitor para o conceito de "domínio", cujo antônimo é "submissão". Com efeito, há uma submissão do homem aos animais no culto idolátrico prestado às divindades do panteão egípcio. Trata-se da zoolatria, que consiste na adoração de "animais sagrados". À luz dessa explicação entende-se que o elenco dos diversos tipos de animais não é mera aglomeração redundante, pois um termo coletivo teria sido suficiente para mencionar todas as espécies do mundo animal. Significativa é a referência ao *habitat* desses animais, em analogia com o respectivo território onde um determinado animal sagrado era adorado. Esses animais eram símbolos dos deuses tutelares dos respectivos territórios, cujos habitantes lhes prestavam o culto idolátrico. Já que cada território tinha o próprio animal sagrado, aumentava consideravelmente o número desses animais. Animais nocivos que fossem sagrados viviam incólumes e assim proliferavam e invadiam outros territórios. Se ali fossem abatidos, surgia um conflito entre os moradores obrigados a vingar o crime de lesa-divindade. Com efeito, a multiplicidade de animais sagrados causou contínuos conflitos entre os idólatras do Egito.

Domine sobre os animais!

O elenco de animais sagrados abrange os seguintes espécimes dos "peixes do mar": peixe (deusa Neith); anfíbios: rã (deusa Heket), sapo (deus Nu), crocodilo (deus Sebek); hipopótamo (deus Taueret); "aves do céu": falcão (deus Hórus), abutre (deusa Nekhbet), gavião (deus Seker), íbis (deus Thoth), ganso (deus Geb); "animais domésticos": boi Apis[4] (deus Ptah), vaca (deusa Hathor), carneiro (deus Khnum), gato (deusa Bastet); "animais selvagens": pantera (deusa Mafdet), leoa (deusa Sekhmet), leão (deus Shu), chacal (deus Anúbis), lobo (deus Khenti-amentiu), lebre (deus Unut); "répteis": escaravelho (deus Kheper), escorpião (deusa Serket), serpente (deusa Kematef), cobra (deusa Ernutet).

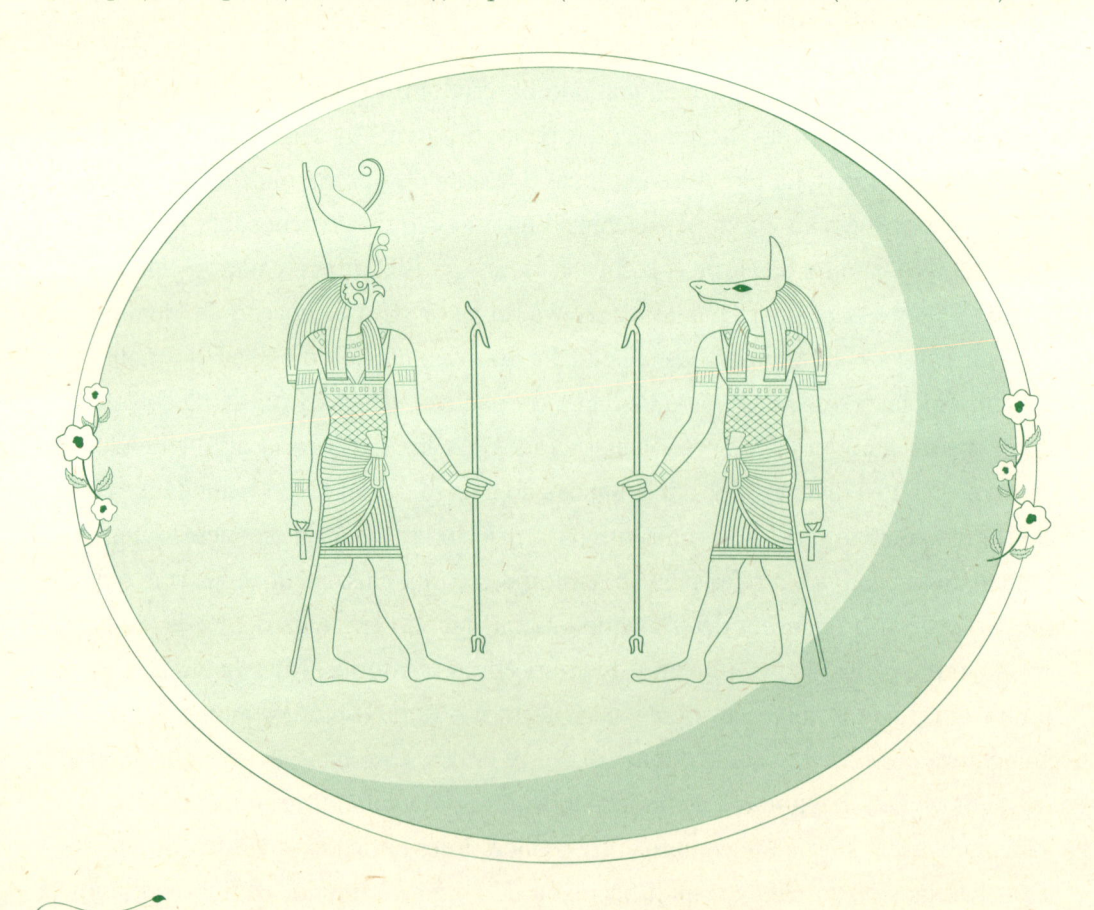

---

4 Nome dado ao boi empalhado, guardado nos museus, simbolizando uma divindade da religião egípcia antiga.

Data de composição

O relato da criação do homem (Gn 1,26-30) tem sua origem na Tradição sacerdotal, que foi escrita na época pós-exílica. O salmista inspirou-se neste texto ao compor um hino de louvor a Deus pela obra da criação e pelo senhorio do homem sobre o mundo (Sl 8). Esse relato nos dá dois ensinamentos de validez perene para todos os homens: em seu *status* sobrenatural baseiam-se a dignidade de pessoa, como ser criado à imagem de Deus, e a função de domínio sobre todos os animais. Nesse ensinamento está implícita a condenação da zoolatria, que leva à violação do que há de mais sagrado na pessoa humana: sua relação com Deus e sua realização pessoal. Pela zoolatria o homem substitui o domínio sobre os animais pela submissão aos seres irracionais, tornando-se seu servo. Ora, a servidão que mais avilta a dignidade da pessoa é ter de prostrar-se em adoração diante de um animal irracional, não por opção pessoal, mas por imposição daqueles que promovem esse culto idolátrico.

Como repúdio à zoolatria, que era praticada no antigo Egito, onde israelitas residiam após sua fuga dos babilônios quando invadiram a Palestina, o autor bíblico enuncia a revelação divina de validez para toda a humanidade, que a dignidade da pessoa se avilta pela idolatria, cuja forma mais primitiva é a zoolatria, que submete o homem à servidão dos animais. O acerto dessa explicação comprova-se pela coerência interna entre temas transcendentes: o estado de filiação divina do homem, criado à imagem de Deus, em confronto com a zoolatria, a adoração de animais pelo homem no paganismo.

As estrelas e as constelações

Encontram-se poucas referências a *estrelas* na Bíblia, a não ser como sinônimos de astros e no contexto das constelações. Assim, a "estrela Polar" (Polaris) é simbolizada pela figura astronômica do Hipopótamo (Jó 40,15-24), segundo a representação astronômica dos antigos egípcios. Ocorre também a designação genérica do planeta Vênus como "estrela da manhã" (Ap 2,28; 22,16). O motivo é que os nomes das estrelas eram desconhecidos dos astrônomos hebreus, dentro das limitações do conhecimento de matemática e astrofísica. Por isso, procuravam suprir essa falta de conhecimento científico, reconhecendo que a sagacidade humana está longe da onisciência do Deus Criador, pois cabe a Ele identificar as estrelas na imensidão do céu sideral.

> *Ele fixa o número das estrelas,*
> *a cada uma dá um nome.* (Sl 147,4)

> *Levantai os olhos ao céu e olhai:*
> *quem criou estes astros?*
> *É aquele que os alinha em seu exército,*
> *e chama todos pelo nome,*
> *cuja força é tão grande e tão imenso o Seu poder,*
> *que nenhum deles falta à chamada.* (Is 40,26)

A finalidade das citações de estrelas e constelações na Bíblia poderia ser bem diversa, como por exemplo fomentar a curiosidade, ou constituir uma fantasia dos povos antigos, ou então servir de orientação na navegação noturna pelo mar, ou guiar as caravanas através do deserto, ou finalmente ter sua utilidade para determinar as estações, prendendo-se assim às atividades agrícolas. Por mais variadas que tenham sido entre os povos as finalidades utilitárias de elencar os astros do firmamento, o que se destaca na Bíblia é o objetivo de referir-se aos elementos cósmicos da obra de criação de Deus despojando-a dos mitos de criação das religiões não-bíblicas. Com efeito, o Criador sobrepõe-se ao espaço e também ao tempo, impondo ao caos primordial e ao destino do homem sua vontade sábia e soberana. Por isso, é o Senhor da natureza e dos acontecimentos, que ordena segundo os desígnios de sua Providência.

Entre as *constelações* constam citações no livro de Jó, que menciona as Plêiades, Órion, a Ursa Maior (Jó 38,31-32) e o Dragão, cujo símbolo astronômico é o crocodilo (Jó 40,25-41,26). Antigamente, os astrônomos babilônios contentavam-se com designar algumas constelações estelares; posteriormente, os gregos começaram a dar às estrelas nomes próprios. E já que na Mesopotâmia e no Egito não se conhecia a álgebra, que só foi introduzida na Grécia antiga, os astrônomos babilônios não podiam calcular o movimento e a órbita dos astros e das constelações. Nas inscrições em pedra e nas plaquinhas de cerâmica encontradas na Mesopotâmia constam várias listas de estrelas, cujas respectivas posições no firmamento são indicadas segundo a latitude e as horas noturnas. Entre os hebreus se mencionava essas pesquisas astronômicas aludindo às "posições dos astros" (*Sb* 7,19).

A constelação das Plêiades teve sua influência no livro do Apocalipse, endereçado às comunidades cristãs da Igreja na Ásia, na era apostólica. Os destinatários eram sete comunidades cristãs (1,4-6) localizadas na província romana da Ásia. O número "sete" indica o conjunto de cidades nas quais dois cultos idolátricos eram praticados: o culto a Ártemis[1], em Éfeso, e o culto ao imperador romano, celebrado anualmente com ceri-

---

1 Quanto ao culto das Plêiades, é de notar que sua origem é semítica, da Mesopotâmia; ver J. Henninger, La religion bédouine préislamique, in *L'antica società beduina*, Roma, 1959, p. 133.

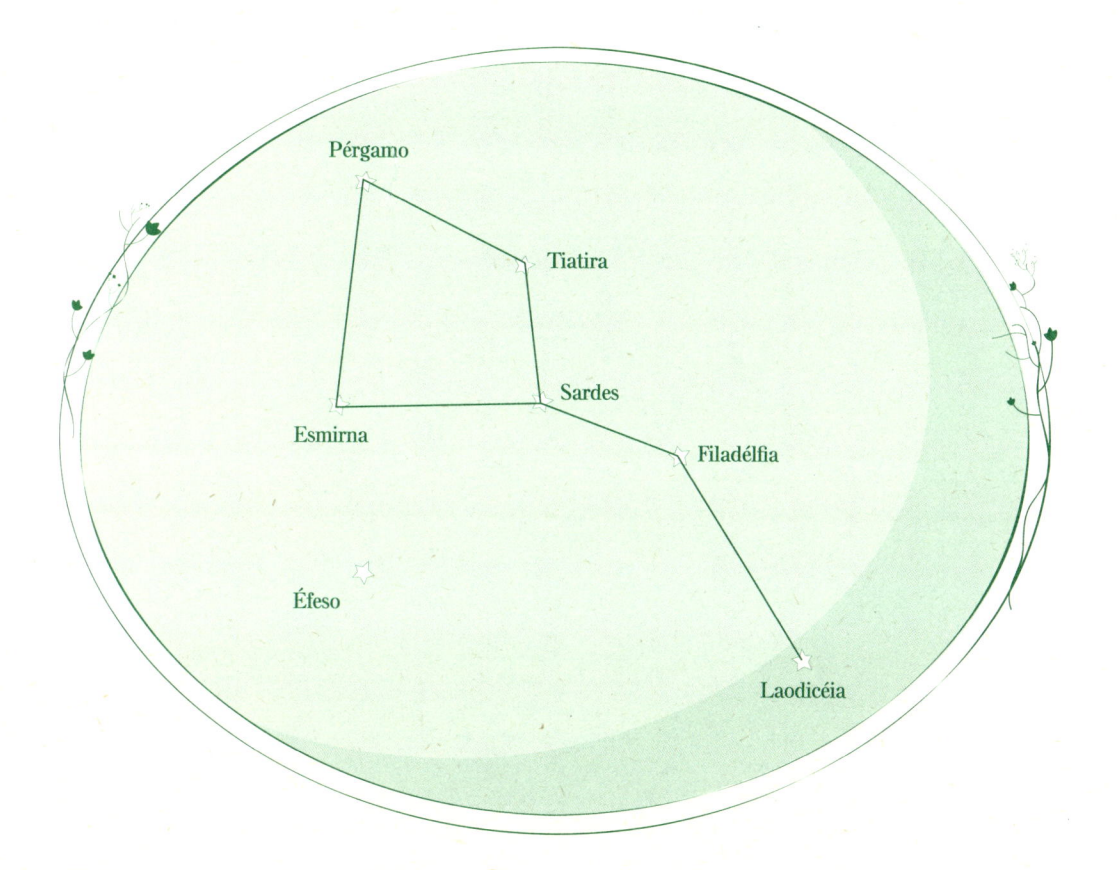

mônias festivas em uma das sete cidades da Ásia Menor, onde havia um rico mecenas que patrocinava esse evento público. O culto dedicado a Ártemis era enraizado na população por causa da veneração como deusa da fecundidade na natureza e na vida humana. Segundo a lenda, Ártemis tinha sete assistentes (Alcíone, Celeuno, Eletra, Maia, Mérope, Astérope e Taigeta) metamorfoseadas em estrelas. Essas sete assistentes eram identificadas com as Plêiades, um grupo de estrelas na constelação de Touro. Uma das sete estrelas é invisível a olho nu, em analogia com Mérope, que ficou invisível como castigo por ter se apaixonado por um mortal. Em analogia com Mérope, o "anjo"[2] da Igreja em Sardes é chamado de "morto" (3,1).

Quanto ao culto ao imperador romano, era praxe celebrar anualmente solenidades festivas em sua honra em uma das sete cidades da província romana da Ásia: Éfeso, Esmirna, Pérgamo, Cízico, Sardes, Filadélfia e Laodicéia. Em lugar de Cízico (situada ao norte, junto ao mar de Mármara), o Apocalipse menciona Tiatira. Surge a pergunta: por que são citadas essas Igrejas e não outras que existiam por lá naquela época? A resposta está na proximidade geográfica: Éfeso dista 50 quilômetros de Esmirna, que dista 70 quilômetros de Pérgamo, que dista 60 quilômetros de Tiatira, que dista 50 quilômetros de Sardes, que dista 45 quilômetros de Filadélfia, que dista 70 quilômetros de Laodicéia. A posição geográfica dessas cidades e sua proximidade evocam o conjunto das estrelas das Plêiades, pois se assemelham à figura geométrica dessa constelação.

---

[2] A designação dos bispos como "anjos" (em sentido translato) se explica pela função de oficiantes na liturgia eucarística. O motivo de se usar o termo "anjos" como "mensageiros" é devido ao significado como sinônimo, em grego. O contexto é a celebração litúrgica, na qual a função do bispo não é jurídica e administrativa, mas cultual, como "mensageiro" da bênção divina para os fiéis da comunidade cristã.

O hipopótamo na Bíblia

Há uma curiosa passagem da Bíblia que descreve o hipopótamo. É uma descrição viva, animada e tão expressiva como se o estivéssemos vendo com nossos próprios olhos. Qual pode ter sido a intenção do autor bíblico ao deter-se sobre esse paquiderme? Se ele quisesse ilustrar meramente a obra da criação, incluindo no rol dos animais um espécime exótico da fauna de lugares inóspitos da África, seu objetivo seria apenas satisfazer a curiosidade do leitor que nunca vira um anfíbio de tais proporções. E quem hoje em dia se pusesse a comentar essa passagem poderia com razão ser ridicularizado por ocupar-se de trivialidades em lugar de coisas mais proveitosas. A coisa muda de figura se o autor tinha em vista algo bem diferente do que comumente se imagina.

Livro de Jó

A descrição do hipopótamo encontra-se no livro de Jó (40,15-24). Situa-se no contexto que trata de animais domésticos e selvagens, ressaltando-se seu instinto de conservação da espécie e os hábitos característicos de cada um (39,1-30). O instinto é o correlato da "sabedoria": enquanto os seres irracionais manifestam de maneira inarticulada, por meio do instinto, a sábia providência de Deus, os seres humanos têm na "sabedoria" — concedida a eles como dom divino — a faculdade de conhecer os desígnios de Deus para com o mundo e a humanidade. Após o elenco dos animais com seus atributos, segue-se uma apóstrofe dirigida a Jó, desafiando-o a demonstrar sua capacidade de interferir na sociedade, onde as situações opressoras injustas e inumanas enfraquecem e violentam a convivência social, enquanto os responsáveis pelas injustiças e pela exploração ficam impunes por sua posição de força nos centros de poder (40,6-14). Que Jó demonstre sua capacidade, submetendo-se a um teste insólito: subjugar o hipopótamo e o crocodilo.

O hipopótamo na simbologia hieroglífica[1]

Nos pictogramas egípcios constam dois símbolos hieroglíficos de hipopótamo: um que caminha sobre as quatro pernas, outro que permanece erguido sobre as pernas traseiras. O primeiro representa o anfíbio tal como o conhecemos; o segundo é uma representação astronômica. O livro de Jó refere-se ao segundo, como o demonstra a descrição da "cauda que reponta com um cedro" (40,17), em contraste com o paquiderme do Nilo, cuja cauda é curta e insignificante. Em cenas pictográficas das constelações do céu, a figura do hipopótamo ocupa o lugar central, que no mapa astronômico do hemisfério norte corresponde à Estrela Polar. O hipopótamo (1) é, portanto, a imagem astral da Estrela Polar. A constelação do Dragão é representada pela figura do crocodilo (2). A Ursa Maior é simbolizada pela perna do boi (4). Diante do hipopótamo estão o deus Hórus com cabeça de falcão (5), o deus An com a lança (6), um homem (7) não identificado, e as figuras de leão (8) e crocodilo (9), que representam grupos estelares localizados respectivamente nas constelações zodiacais da Virgem e de Peixes, na astronomia grega.

---

1 Os símbolos hieroglíficos com significado astronômico constam na obra clássica de H. Brugsch, *Thesaurus Inscriptionum Aegyptiacarum I*, Leipzig: J.C. Heinrich'sche Buchhandlung, 1883.

O hipopótamo
na Bíblia

Significação das figuras astronômicas

Os símbolos hieroglíficos dessas constelações mostram sua relação com a Estrela Polar. Elas estão amarradas com correntes a uma estaca, fincada na calota do firmamento. O hipopótamo, como Estrela Polar, agarra com a pata dianteira a estaca (3), cuja função é reter as constelações na sua devida posição durante o périplo pelo firmamento. Assim evita-se que passem para o lado sul da eclíptica, isto é, a região do inverno, onde se situa o "inferno" astral dos egípcios e também dos babilônios. Outro dado significativo é a variante pictográfica do hipopótamo que traz um disco solar na cabeça (10), identificando-o com a alma de Ísis, a divindade que determina a mudança das estações do ano e o destino da vida humana.

Desmitologização no livro de Jó

O autor do livro de Jó deve ter visto pessoalmente, como é plausível conjeturar, todas essas representações astronômicas gravadas nas paredes dos monumentos de Dendera, Tebas e Edfu, cidades egípcias localizadas no vale do Nilo. Depois que ouviu as explicações das cenas da boca do "guia turístico" e refletiu sobre as concepções mitológicas que estabelecem o determinismo dos astros na natureza e na vida humana, ele compôs uma descrição vigorosa, saborosamente humorística e levemente satírica, transformando a cena astronômica em episódio de caça. Os animais simbólicos das estrelas no alto do firmamento são rebaixados à terra para viver ali como animais selvagens. Não contente com tê-los removido do firmamento e colocado em seu ambiente aquático, o autor bíblico descreve a caça ao hipopótamo e ao crocodilo. Não se trata de matá-los, mas simplesmente de medir força, subjugando-os. Com isso, o autor bíblico dá a entender que o domínio humano sobre as forças da natureza implica o combate aos mitos astrais. Com o hipopótamo (Estrela Polar), também a deusa Ísis, que reinava soberanamente no céu, é destronada, pois na Bíblia não se tolera uma divindade que rivalize com Deus em soberania no governo do mundo e no destino da humanidade.

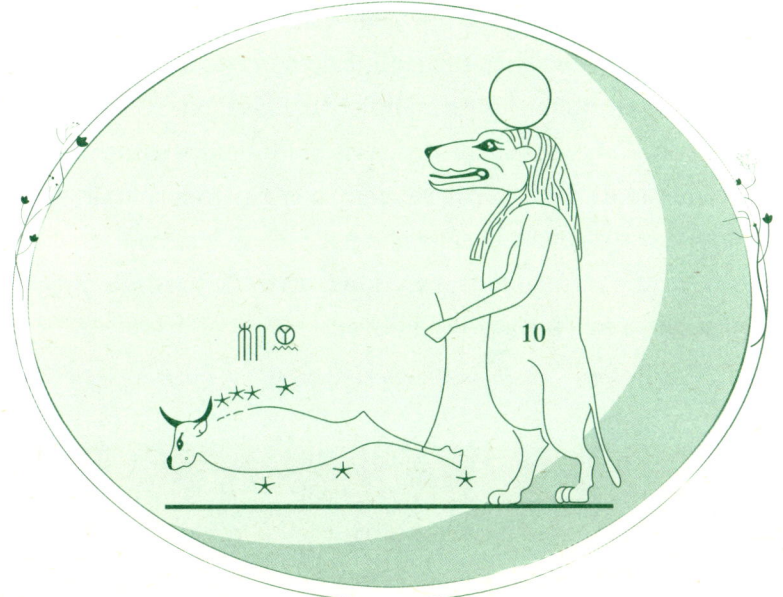

O hipopótamo
na Bíblia

77

Relevância atual

Quem se interessa pela fauna da África vai consultar os livros de zoologia e não busca na Bíblia as informações sobre esse ramo da história natural. À Bíblia recorre-se nos assuntos relacionados à história da salvação. Qual a relação entre o hipopótamo e a história da salvação? Só o contexto pode responder. Por incrível que pareça, um pequeno detalhe descritivo, a saber, a cauda do hipopótamo, é a chave de leitura. Ela nos remete às representações da astronomia e às crenças da astrologia egípcias. E o que tem isso a ver com o leitor da Bíblia? Seria para chamar-lhe a atenção para crenças ultrapassadas? De modo algum, porque cabe a Jó superá-las antes de engajar-se no combate às injustiças que campeiam na sociedade. E isto vale também para todos os que se engajam na promoção da justiça social. Pois esse tipo de engajamento pressupõe que a pessoa dirija a sua vida de acordo com uma opção consciente e livre, e não por força de um impulso cego. Ora, as crenças religiosas eivadas de superstições privam o indivíduo de sua liberdade de optar entre o bem e o mal, ao submetê-lo a um determinismo, de ordem psicológica, moral e espiritual[1]. Para libertar-se desse determinismo, a pessoa tem de se abrir ao mistério divino, como se lê no livro de Jó (42,5), e então entrará no gozo da liberdade dos filhos de Deus, cuja realização plena só se encontra na comunidade de fé cristã. Pois ali se assume coletivamente a opção pela promoção da justiça, exigência premente para a solução dos graves problemas que afligem a sociedade. O empenho em prol da justiça é sinal de credibilidade da Igreja, cuja ação no mundo tem sentido a partir de seu fim supremo, que não é a promoção social, mas a salvação definitiva.

---

1 Entre as várias formas de determinismo existem, antes de tudo, dois tipos: extrínseco e intrínseco, com diversas subespécies. Todas elas negam que o homem seja livre. Quanto aos do tipo extrínseco: *mitológico* e *teológico*. Outras são do tipo intrínseco: *fisiológico*, *sociológico*, *psicológico*, *metafísico*, *político*.

Caim e Abel

A história de Caim e Abel (Gn 4,1-16) começa com o relato sobre a colaboração humana na obra da criação divina por meio da geração de filhos, nascidos na família de Adão e Eva. A geração de filhos, porém, não se reduz a mero fenômeno da natureza. Implica um processo de formação da convivência na família na qual pais e filhos vivem no espaço de humanização privilegiada que requer da parte de todos uma consciência e um esforço permanente para abrir-se à gratuidade do amor e à comunhão entre os familiares. Os laços que se criam entre os que convivem e trabalham juntos são também dos mais estreitos e dos mais necessários para o desenvolvimento da pessoa. O trabalho não é só produção, é convivência.

Origem do conflito social

O conflito entre Caim e Abel surgiu na convivência humana, e não por causa da diferença quanto ao modo de vida (sedentária–nômade) ou de trabalho (agricultor–pastor). De fato, havia uma tensão entre os indivíduos de vida sedentária e os nômades. Pelo visto, os nômades levavam vantagem sobre a população sedentária, situação que reflete um determinado período histórico quando o uso de certas técnicas agrícolas intensivas deteriora a terra arável. Surgiu então a desigualdade econômica. Ora, na sociedade antiga atribuía-se a prosperidade à bênção divina, ao passo que os reveses eram atribuídos à privação dessa bênção. Entretanto, tanto a prosperidade como os reveses dependem de outros fatores. Da desigualdade nasce a *inveja*, que afeta negativamente a comunhão entre irmãos e a união com Deus. Para restabelecer a harmonia entre as duas dimensões da pessoa não há meio mais eficaz do que o culto religioso, que aproxima os irmãos na fé e os eleva à união com Deus. Esse nobre objetivo do culto, porém, não deve desvirtuar interesses econômicos, disfarçados sob o pretexto de se invocar a bênção divina em lugar de estabelecer a união com Deus. Por isso a pessoa tem de examinar sua consciência sobre a relação pessoal com Deus. Requer-se, portanto, de Caim que examine sua consciência sobre a causa de sua ira (v. 6) e que "faça o bem" (v. 7), isto é, que se arrependa de seu pecado. Daí se vê que o culto religioso não se reduz à oferta de sacrifício, mas inclui a misericórdia. Neste caso, Caim é admoestado a fazer um ato penitencial antes de apresentar a oferenda a Deus (v. 6-7), pois a oferenda agradável a Deus é a pessoa contrita que se oferece a Ele nos símbolos das oferendas litúrgicas.

O fratricídio

Por que Caim se torna um fratricida? Não por causa da estagnação rural, nem do movimento migratório na região agrária ou dos reveses nas atividades agrícolas; a causa está no conflito que surge na convivência humana, entre a natureza individual e social do homem. Pois a convivência possibilita ao homem abrir-se à comunhão com os irmãos e à união com Deus. Quanto mais o homem se aproxima de Deus, tanto mais estabelece a harmonia entre as duas dimensões de seu ser. Destrói-se essa harmonia quando a pessoa se fecha no egoísmo ou se deixa absorver pelo universo exterior. A origem da hostilidade entre irmãos é a *inveja*, que provoca em Caim uma tristeza profunda à vista do bem que ele observa em Abel. Essa inveja é acompanhada de mágoa ao ver que seu irmão é melhor e o sobrepuja na conquista dos meios de subsistência. No coração de Caim trava-se um combate entre as faculdades da alma e os impulsos passionais. Pela voz da consciência Deus lhe fala, alertando-o contra o mal e admoestando-o a fazer o bem. Pois a tentação do pecado está prestes a apoderar-se daquele que está imerso em tristeza (v. 7).

Migrantes e apátridas

Caim é tido como ancestral dos quenitas, que, embora adorassem Javé, viviam fora da Terra Prometida e da Aliança sagrada. Eram migrantes, vagueando entre o deserto e a terra cultivada. Os israelitas estranhavam que seu hábitat fosse adotado como modo de existência. O autor bíblico mostra a caminhada do ancestral dessa tribo sem pátria como protótipo de grupos humanos vivendo afastados da comunhão com Deus. O horizonte limitado em tempo e espaço do autor não impede que se formule uma pergunta dirigida a todos os seres humanos. Deus pergunta a Caim: "Que fizeste?", sentindo a mesma dor no coração que sentira ao perguntar a Adão: "Onde estás?". Assim como Deus teve compaixão de Adão e Eva, da mesma maneira será compassivo com ele. Embora Caim viva longe da terra cultivada — como Adão vivendo fora do paraíso —, o remorso faz o pecador ocultar-se da face de Deus e o leva a adorá-lo a distância. Entretanto, ele continua a viver.

"Onde está teu irmão?"

A pergunta feita ao homem: "Onde está teu irmão?" é dirigida também a cada um de nós. É que está em jogo a própria autenticidade de uma pessoa, como também do cristão, quando ele procura eximir-se da responsabilidade pelo irmão. Trata-se do âmbito da fraternidade, que busca a participação das pessoas em vários contextos comunitários: comunidades familiar, econômica, política, acadêmica, social, eclesial, religiosa etc. Quem dela se afasta vê-se continuamente interpelado a retomar a relação comunitária e a comunicação com Deus. No momento em que o pecador confessa suas culpas a Deus, ele não só quer reconhecê-las, mas também obter o perdão e implorá-lo no seio da comunidade de fé. Quando Caim se acha oprimido pela culpa e excluído da comunidade dos fiéis, ele reconhece que qualquer delito contra o homem é também pecado contra Deus (v. 13). Ao iniciar sua expiação e sua penitência, Caim faz de sua trajetória no mundo um testemunho da misericórdia recebida de Deus.

O Dilúvio

Antes que o tema da ecologia se tornasse moda, multiplicaram-se na Antiguidade narrativas sobre desequilíbrios na natureza com riscos extremos para o ambiente vital da humanidade. Para citar aquelas que se baseiam em matriz temática comum, consideramos o relato sobre o dilúvio como é apresentado na Bíblia e nas literaturas extrabíblicas do antigo Oriente Médio, assinalando as semelhanças e diferenças entre o dilúvio bíblico e o dilúvio babilônico.

Dilúvio babilônico

O dilúvio é narrado em várias culturas do mundo semítico antigo. Entretanto, não é possível estabelecer uma origem comum a essas narrativas. O relato da Bíblia pertence, porém, às tradições culturais da Palestina e da Mesopotâmia. O dilúvio representa o desencadeamento das forças cósmicas que traz como resultado o retorno ao caos. Entre os babilônios, a causa do dilúvio era atribuída à revolta tumultuada dos homens contra os penosos trabalhos que lhes tinham sido impostos pelos deuses. A rebelião dos homens tirou o sossego dos deuses e privou-os da adoração que lhes era devida. Apesar das calamidades que lhes sobrevieram, os homens não se submeteram. Por fim, os deuses desencadearam o dilúvio como castigo. O efeito catastrófico do dilúvio resultou, porém, de um conflito entre os próprios deuses, pois a catástrofe se alastrou de tal maneira que eles perderam o controle sobre os elementos cósmicos e fugiram espavoridos. Apenas um homem — conhecido como Utnapistim entre os babilônios — foi poupado da catástrofe porque continuou a adorar os deuses enquanto os demais terráqueos a isso se opuseram. Finalmente, o dilúvio foi cedendo e os deuses se acalmaram, uma vez que sua sede de sacrifícios foi saciada pelo herói da arca. Em reconhecimento, os deuses o tornaram imortal.

Dilúvio bíblico

O atual relato bíblico do dilúvio (Gn 6–9) pode ser desdobrado em duas narrativas, pois originalmente constava de um texto-base da tradição sacerdotal, com acréscimos de elementos complementares da tradição javista. É que os autores bíblicos se serviram de várias fontes literárias extrabíblicas para sua narração de cenas e de acontecimentos. Além disso, tanto os pormenores como as linhas gerais de fundo e forma revelam um plano comum de todos esses relatos do dilúvio. Disso se pode deduzir a intenção dos autores bíblicos de apresentar os fatos principais sugerindo discretamente ao leitor que consulte os documentos extrabíblicos sobre questões como, por exemplo, a construção da arca, o ajuntamento dos animais para entrar nela, a duração das chuvas torrenciais, a localização dos montes de Ararat etc.

A diferença radical entre o relato babilônico e o bíblico consiste na explicação da causa do dilúvio. No relato bíblico, a causa do dilúvio não é atribuída à vingança de Deus, mas à justiça punitiva divina. No fim do dilúvio, Deus poupa os seres humanos por misericórdia, já que não se consegue erradicar totalmente a maldade que se aloja dentro do coração humano. O período de quarenta dias/noites é a duração de uma grande provação, que só termina por intervenção de Deus e tem por remate o dom da Aliança sagrada que Deus concede aos que permaneceram fiéis a Ele. Esse período tornou-se uma expressão estereotipada na Bíblia.

Quanto ao universalismo do dilúvio, surge a questão sobre o extermínio de todo ser vivente fora da arca. A resposta a tal problema se obtém à luz dos precedentes relatos bíblicos que mencionam sucessivas punições divinas pelas prevaricações, que levaram à ruptura entre o casal (Gn 3), entre irmãos (4,1-4), entre clãs (4,19-24), entre raças (6,1-4) e entre gerações (6,5–9,17). Devido à difusão do mal em progressão geométrica sobre toda a terra, o autor bíblico menciona por fim o extermínio de quase toda a humanidade, para ver se as novas gerações seriam melhores que as passadas.

Arca de Noé

Na arca de Noé refugiaram-se o patriarca, seus familiares e vários animais. Por que havia animais lá dentro? Porque Deus ordenou a Noé que os levasse consigo para salvá-los do desaparecimento completo. É que os animais fazem parte da vida na terra onde têm seu hábitat. Além disso, os animais possuem no instinto o equivalente à "sabedoria", dom de Deus concedido aos homens. Enquanto os seres irracionais manifestam, de maneira inarticulada por meio do instinto, a sábia providência de Deus (Jó 39), os seres humanos têm na "sabedoria" a faculdade de conhecer o desígnio de Deus para o mundo e a humanidade. Portanto, quem observa os instintos dos animais torna-se atento aos sinais dos tempos.

O arco-íris

O arco-íris é a faixa brilhante no céu cujas extremidades tocam a terra em pontos distantes. Após o dilúvio veio a representar um arco simbólico ligando dois eventos da história da salvação: a Eleição divina no Paraíso (Gn 2,15) e a Aliança sagrada no mundo (Gn 9,13). O sinal da Aliança é o arco-íris. O alcance universal dessa Aliança se reflete na estabilidade e na ordem harmoniosa de toda a criação, garantindo segurança, felicidade, saúde, fertilidade do solo, harmonia com o mundo animal. A toda a humanidade Deus estende sua bondade, que se manifesta no amor por todos os seres humanos. É esse o dom que Deus concede a Noé, correspondente à condição de imortalidade com que os deuses presenteiam o herói babilônio.

Inspiração divina

Cabe explicar a diferença entre inspiração literária e inspiração divina. No primeiro caso trata-se da adaptação do relato babilônico à narrativa bíblica. No segundo, o objeto é o ensino, baseado na revelação divina, e a refutação de crenças mitológicas, em vista da consolidação da fé dos membros da Povo de Deus. Ora, o problema do universalismo do dilúvio, como é abordado no relato babilônico, é fundamentalmente um problema teológico. Já que os mitógrafos retrojetavam sua concepção mitológica para os primórdios do mundo, era necessário que também o autor bíblico retrojetasse a concepção teológica, baseada na revelação divina, para o início da humanidade. Por isso era preciso ensinar três verdades de validez perene: as forças cósmicas não atuam independentemente do poder divino; o cosmo não retorna ao caos; Deus trata a humanidade com misericórdia, que se confirma pela Aliança divina com os seres humanos.

Torre de Babel

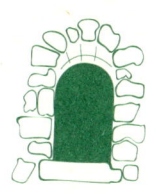

A narrativa da Torre de Babel (Gn 11,19) consta na Bíblia no final da História dos Primórdios (Gn 1–11). Sua finalidade é ensinar à humanidade que a tendência do homem à autonomia pode levar à emancipação em relação a Deus mediante o progresso cultural. Embora a relação entre homem e Deus não faça parte da cultura — porque a fé não pertence a nenhuma cultura —, contudo só pode exprimir-se dentro de uma cultura, cujas obras materiais expressam sempre uma "espiritualização da matéria", uma submissão do elemento material às forças espirituais do homem. Por outra parte, uma cultura a serviço de um gigantesco progresso sacrifica os valores fundamentais do homem à tecnologia e abre caminho ao processo de desculturação.

O exemplo mais insigne desse fenômeno na história humana temos na narrativa da Torre de Babel. Trata-se do advento da civilização dominada pela tecnologia, resultando na alteração das relações dos homens entre si.

Língua comum

A narrativa bíblica remonta às origens da humanidade, focalizando, porém, os povos semitas sediados no Oriente. A língua comum a todos eles é semítica, que tem os mesmos traços essenciais, como, por exemplo, as palavras que designam parentesco afim e termos do uso comum. A confusão de línguas origina-se com a mescla de muitos povos numa determinada região. Isso aconteceu na época da construção de uma torre colossal que exigia muita mão-de-obra. Para dispor dela foram trazidos enormes contingentes humanos de diversa procedência e, como era praxe entre os governantes assírios, povos de outros países foram deportados de seu lugar de origem e transferidos para a Babilônia. Devido à miscigenação cultural e à manifestação dos escravos clamando por liberdade, não é de estranhar que palavras em outros idiomas fossem ouvidas naquela região. Em lugar da tendência à uniformização das culturas, surgiu uma múltipla pluralidade de culturas sob intervenção divina.

Dispersão dos povos

Na Mesopotâmia, a passagem do nomadismo para a vida sedentária implicou um ritmo acelerado do crescimento demográfico. Com a transição para a urbanização surgiu a concentração de migrantes nos centros urbanos, acarretando escassez dos meios de subsistência devida ao esgotamento das terras produtivas. Era necessário, então, conquistar novas terras escassamente povoadas que haviam de absorver os povos emigrantes. Surgiu assim a dispersão dos povos.

Advento da civilização

A civilização começa com o tijolo. É essa a constatação que se lê na Bíblia e está confirmada pela história de diversos povos que chegaram à civilização urbana. O tijolo veio a ser usado em diversas construções: casas para moradia, silos para armazenar cereais, cisternas para ajuntar água potável, canais por onde correm as águas, pontes, torres e aquedutos.

Torre de Babel

Arranha-céu no século XX a.C.

Obras colossais como símbolos de poder e riqueza foram construídas nas cidades da Mesopotâmia a partir do segundo milênio a.C. Eram torres imponentes, chamadas zigurates, que, por sua altura, como que ligavam o céu à terra, permitindo aos homens penetrar no âmbito dos deuses. Para o autor bíblico, porém, isso era símbolo de uma ambição desmedida, que os gregos chamam *hybris*, e por conseguinte era fadado à ruína. Era o que acontecia a essas torres, que, sob as inclemências do tempo e por falta de manutenção, entravam em deteriorização. Era como se os pedreiros tivessem empregado asfalto em lugar de argamassa no assentamento dos tijolos.

Arranha-céus no século XX d.C.

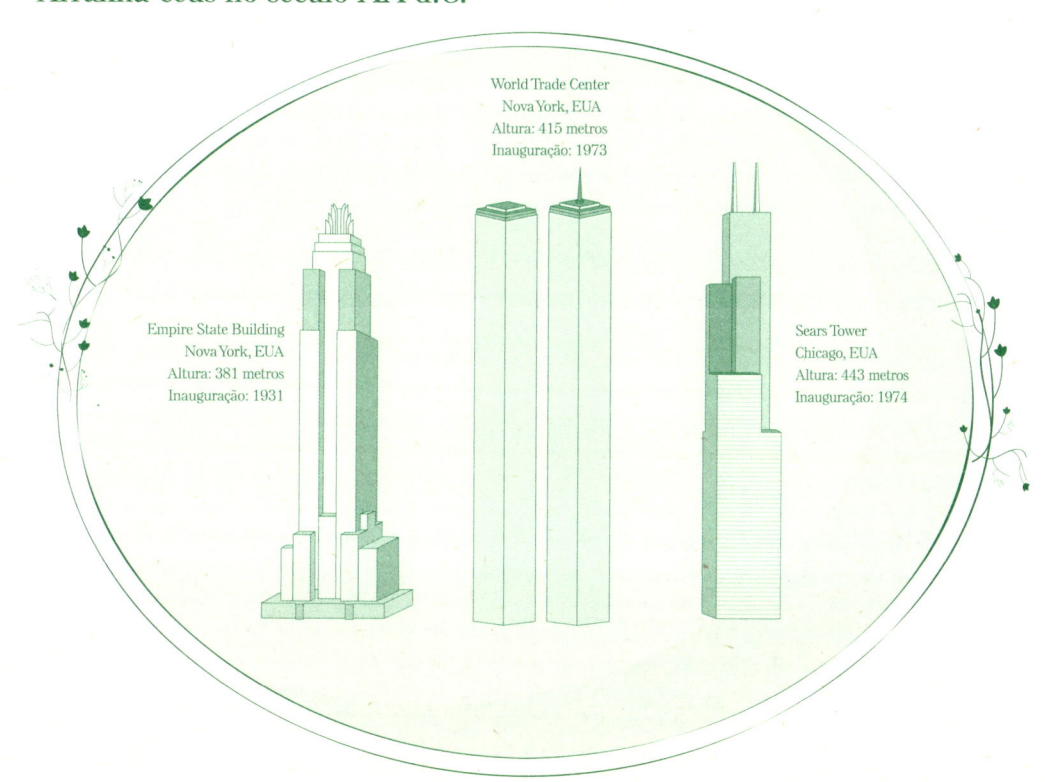

Empire State Building
Nova York, EUA
Altura: 381 metros
Inauguração: 1931

World Trade Center
Nova York, EUA
Altura: 415 metros
Inauguração: 1973

Sears Tower
Chicago, EUA
Altura: 443 metros
Inauguração: 1974

Torres gigantescas são construídas hoje por empresas transnacionais e governos interessados em exibi-las ao mundo como exemplos do seu sucesso econômico. É interessante notar que os sete arranha-céus mais altos atualmente em construção estão no Leste asiático. Ora, empresas e governos que visam exclusivamente a incrementar o desenvolvimento econômico são dirigidos por homens motivados por uma ambição desmedida. Mas essas torres que simbolizam seu poder e sua riqueza podem desabar não por causa do fraco material de construção, mas devido aos abalos sísmicos, cujos epicentros estão próximos dos locais onde se encontram algumas dessas torres, como por exemplo a Torre do Milênio em Tóquio, situada na interseção de quatro placas tectônicas. Quanto à torre Ásia Plaza em Taiwan, podemos mencionar os terremotos que podem ocorrer na ilha, afetada pelo sistema circumpacífico de falhas tectônicas. Mas as outras cinco torres estão situadas em regiões assísmicas da Ásia.

Data de composição

O fato que motivou o autor bíblico da escola javista a escrever a narrativa da Torre de Babel foi o início da reconstrução do zigurate chamado Etemenanki, junto ao templo de Marduk na Babilônia. O início das obras de reconstrução pelo rei assírio Esaradon em 681 a.C. era um evento de grande repercussão naquela época. Esse evento foi interpretado na Bíblia em termos de ensinamento de validez universal, sendo retrojetado para os primórdios da humanidade. Para compreender o sentido dessa narrativa é necessário, portanto, levar em conta a época de sua composição (séc. VII a.C.).

Pensava-se até agora que a escola javista, à qual se atribui a narrativa de Gênesis 11,19, exercera suas atividades literárias somente durante os séculos X-IX a.C. Entretanto, à luz de dados recentes podemos afirmar que os membros dessa escola continuaram a escrever até a época do Exílio (587 a.C.). Surge a pergunta sobre a possibilidade de o javista ter visto pessoalmente essa torre ou talvez de um israelita lhe ter falado em Jerusalém do que tinha visto na Babilônia. A hipótese é plausível, pois ele poderia ter acompanhado o rei Manassés em sua viagem à Babilônia. Em 2 Crônicas

Torre de Babel

33,11 consta o relato da deportação do rei Manassés para a Babilônia e de sua repatriação a Judá, pelo ano 671 a.C. Com efeito, quando o rei assírio Esaradon marchou contra o Egito, forçou Manassés a acompanhá-lo até o Egito, mantendo-o em sua comitiva ao voltar à Mesopotâmia. Após o retorno de Manassés a Jerusalém, o autor javista poderia ter composto a narrativa da Torre de Babel, como repto à Babilônia, cujo nome, derivado de *Bab-ilu*, "Porta-de-deus", que designava o templo, foi aplicado à cidade *Bab-ilani*, "Porta-dos-deuses", em alusão ao portal ao qual conduzia a avenida das procissões. Para o autor bíblico, porém, Babel significa lugar de confluência dos antigos deuses da mitologia e dos novos deuses de um mundo secularizado, de cuja influência sobre a humanidade só Deus pode libertar.

História da Salvação

Procuramos saber da Bíblia o que é "história da salvação" e quando começou. Na história dos primórdios da humanidade, o autor bíblico confronta-se, desde logo, com o grave problema da ruptura do homem com Deus, que traz, em conseqüência, outras rupturas, responsáveis pela expansão do mal em progressão geométrica. A salvação divina marca sua entrada na história depois de a humanidade ter mostrado quanto mal é capaz de cometer.

O arco-íris é a faixa de raios coloridos que brilha no céu e toca a terra em dois pontos distantes. Após o dilúvio, representa, como arco simbólico, a junção de dois eventos da história da salvação: a Eleição divina, no Paraíso (Gn 2,15), e a Aliança sagrada, na história (Gn 9,13). O sinal da Aliança é o arco-íris. O alcance universal da Aliança manifesta-se na estabilidade do cosmo e na ordem harmoniosa de toda a criação, garantindo segurança, bem-estar e saúde às criaturas, duradoura continuidade da vida, harmonia com o mundo animal e com toda a natureza. É dom concedido por Deus a Noé, o patriarca da humanidade no limiar da civilização, cuja importância reside no fato de se valorizar a *criação* para a melhoria da qualidade de vida. Convém ressaltar uma verdade fundamental: Deus estende sua bondade à humanidade inteira, manifestando sua amizade para com todos os seres humanos, a Ele vinculados como criaturas suas.

O pecado de ruptura do homem com seu Criador acarreta a perda do estado de graça santificante. Tal experiência pecaminosa é descrita na Bíblia em relatos sobre diversas situações humanas, explicitados o âmbito social e a espécie de pecado.

I. Adão e Eva (Gn 3,12): ruptura entre esposos.

Pecado de desobediência

O pecado tem conseqüências que afetam as relações sociais entre pessoas de maior convivência, aqui representadas pelo casal Adão e Eva. O pecado de um leva outros a fazer o mesmo, por companheirismo ou sedução, em co-responsável cumplicidade. A prece de "não nos deixar" Deus "cair em tentação" visa combater, com a graça divina, o contágio que o mal exerce no convívio humano, a maligna contaminação, a influência do mau exemplo, a condescendente tolerância, que enfraquecem as forças morais, até que sobrevenham o desalento e, por vezes, o desespero. O ato pecaminoso de Adão e Eva consiste na desobediência a Deus. Segundo a interpretação do pecado de origem como apostasia do javismo e adesão ao culto idolátrico da "Rainha do Céu" — representada pela serpente do paraíso —, o pecado resulta da dissociação, comum no paganismo, entre religião e moral. Daí o indivíduo perde a consciência de sua responsabilidade perante Deus, autor da ordem moral. O ídolo representa uma divindade amoral, que não aplica a sanção por transgressão de princípios éticos.

II. Caim e Abel (Gn 4,1-15): ruptura entre irmãos.

Pecado de fratricídio

O mau exemplo dos pais repercute nos filhos, que não recuam diante do pecado mais grave contra o convívio humano, o fratricídio. Apesar de advertido por Deus, pela voz da consciência, Caim tem o coração endurecido pela inveja, que leva à hostilidade e termina em homicídio. O contexto do culto religioso, descrito nesse relato, visa ressaltar o princípio de que qualquer delito contra o homem é também pecado contra Deus.

III. Lamec (Gn 4,19-24): ruptura entre clãs.

Pecado de vingança

Tensão entre grupos sociais pode levar à exacerbada hostilidade, incrementada e perpetuada pela vingança, causa de recrudescimento da violência, sob a justificativa de se aplicar ao culpado o merecido castigo por alguma injustiça. Para extirpar a vingança entre clãs foram introduzidas a lei do talião (Ex 21,23) e, posteriormente, a compensação pecuniária (Ex 21,30), até serem ab-rogadas por Cristo, com o mandamento do amor aos inimigos (Mt 5,44).

IV. Gigantes (Gn 6,1-4): ruptura entre raças.

Pecado de hierogamia

O culto idolátrico praticado nos templos pagãos inclui a prostituição dos hierodulos e hierodulas, a título da hierogamia entre as divindades e a população local. Os "semideuses" nascidos dessa união espúria são, por ironia, denominados "gigantes" ou "heróis". A aberração do culto idolátrico caracteriza as paixões humanas que levam à decadência moral da sociedade.

V. Dilúvio (Gn 6,9–7,24): ruptura entre gerações.

Pecado de violência

A corrupção generalizada entre os homens acarretou o juízo punitivo universal. A ininterrupta sucessão de todas as formas de iniqüidade alastrou-se sobre a terra em progressão geométrica. Ao rol de diversas punições, por Deus aplicadas aos pecadores renitentes, seguiu-se a mais catastrófica, o dilúvio. O autor descreve o extermínio da humanidade, com apenas oito sobreviventes, cuja conduta mostrará se as novas gerações serão melhores.

VI. Torre de Babel (Gn 11,1-9): ruptura entre povos.

Pecado de orgulho materialista

A ambição do poder pode levar os governantes a empreender construções gigantescas para atrair admiradores que, escravizados pela megalópole, perdem sua identidade, suas raízes e a vinculação com o povo de origem. Tais obras, embora construídas em honra de uma divindade, constituem, como monumento do governante, o endeusamento do "ego" pessoal.

História salvífica como palavra de Deus

Esses seis relatos do javista tratam de várias rupturas que, separando de Deus o homem, acabam por romper também o tecido social. A expansão do mal é apresentada em progressão geométrica. Se Deus não interviesse com a sagrada Aliança para restaurar a relação rompida, a humanidade irremediavelmente se perderia. No contexto da história sagrada "encontram-se" as decisões divinas com as humanas, dando seqüência à história da salvação. O que nos permite falar em "história" da salvação não são as decisões individuais, nem ocorrências isoladas, esporádicas, mas acontecimentos de duradoura repercussão, instituições (sagradas, sociais ou políticas) e comunidades de fé relacionadas com o Povo eleito, cuja trajetória histórica vem marcada por intervenções divinas que, como paradigma, deixam vislumbrar como Deus realiza, também em outros povos, seu desígnio salvífico.

O fator decisivo para a história da salvação é a Aliança religiosa de Deus com os homens. Nos primórdios da humanidade foi estabelecida a Aliança com Noé (Gn 6,18). No decurso da história do Povo de Deus têm importância transcendente: a Aliança com Abraão (Gn 17,7), a Aliança sinaítica de Moisés (Ex 24,8), a Aliança davídica (2Sm 7,16), a Aliança espiritual de Jeremias (Jr 31,33) e a nova e definitiva Aliança de Cristo (Lc 22,19-20). Graças à Aliança religiosa, a humanidade, libertando-se do *medo* que os pagãos têm do nefasto destino cego, vive *confiante* na benevolência de Deus, que, com amor paterno, dirige o curso da história.

Estágios da história da salvação

O âmbito do desígnio salvífico de Deus na história envolve três estágios, marcados pelos eventos que aconteceram no período desde o início do surgimento da humanidade, continuando a realizar-se na época atual até o fim da história, com a chegada da escatologia.

a) A *história salvífica universal* começa com a criação de Adão e Eva no Paraíso e abrange toda a História dos Primórdios (Gn 1-11). Esse estágio tem o traço marcante da universalidade incluindo toda a humanidade na perspectiva da salvação. Em foco, está a existência temporal e o destino da vida na terra em meio às contingências e precariedades oriundas do desgaste e declínio de tudo o que é efêmero. Começando com o estado de nobreza e exímia dignidade, o ser humano é colocado no mundo para ser o ápice da criação e, não bastando esse *status* de excelência no conjunto de todas as criaturas, é introduzido como hóspede de honra no Jardim do Éden. Ali, ele tem a grande dita de encontrar-se na presença de Deus, cuja proximidade é visualizada pelos encontros benfazejos durante a jornada ao longo dos caminhos desse Jardim. Quando surgiu o impasse com a tentação de converter a existência terrena num Shangri-lá utópico sem visão transcendente, os seres humanos foram expulsos do Paraíso e perderam seu *status* de graça santificante. Sucederem eventos fatídicos que se avolumaram com sucessivas rupturas entre homem e Deus, a ponto de desvirtuar a prospectiva feliz de toda a humanidade com o resultado de surgir um tipo de niilismo secular supondo que se teria de falar de uma história de condenação, se não fosse a misericórdia de Deus que a transpôs para outro nível: a história da salvação. Os sinais da misericórdia divina são sutilmente entremeados nos relatos da História dos Primórdios, ficando para o leitor atento descobri-los nas glosas inseridas nos próprios textos.

b) O segundo estágio é a *história salvífica particular* que começa com a Eleição divina de Abraão e a Aliança sagrada ratificadas para com ele e o povo de Israel desde a História dos Patriarcas até o final do Antigo Testamento (*Pentateuco; livros históri-*

cos, *proféticos, sapienciais e Salmos*). Trata-se da história particular da salvação que se especifica na intervenção de Javé em favor de seu povo ao longo dos acontecimentos históricos, que mostram Deus vindo ao encontro do homem, não veladamente por meio dos elementos naturais, ou seja, do cosmo e dos fenômenos da natureza, mas mediante eventos históricos (em contraste com os mitos e superstições fantasiosas), marcando não só a vida de certos personagens históricos (Abraão, Moisés), mas a própria história de Israel, com vistas à revelação dos desígnios divinos para com o Povo Eleito. É de notar que os eventos históricos poderiam ser interpretados como mera dramatização épica dos acontecimentos bélicos causados pelo confronto com a política expansionista dos impérios da Antiguidade que tiveram sua repercussão em Israel, se os relatos bíblicos não fossem acompanhados de uma explicação como Palavra de Deus que lhes dá o significado. Nos fatos e na palavra divina se manifesta a finalidade da história bíblica que serve de *paradigma* da salvação para todos os povos. Da maneira como Deus trata seu povo, da mesma forma Ele exerce sua influência sobre os povos do mundo inteiro por meio dos acontecimentos providenciais, que motivaram a reflexão dos homens realmente religiosos. Convém destacar também as mediações salvíficas do Povo Eleito que assumem um valor determinante: a organização de *comunidades* de fé e comunidades éticas, baseadas, respectivamente na *Eleição* divina e *Aliança* sagrada, os dois princípios fundamentais da religião de Israel. Nelas se desenvolveu o método da inculturação dos temas da fé na mentalidade dos fiéis ao longo da história mediante a atuação dos profetas e dos líderes religiosos, que sustentaram as instituições religiosas. Seu impacto na vivência da fé e no estilo de vida foi um dos fatores determinantes da longevidade do Povo Eleito no AT. As instituições da religião israelita têm o mérito de ter conservado a coesão da religião de Israel durante todos os séculos de sua existência, preservando-a da obsolescência e transmitindo-a aos pósteros sem fragmentação em seitas. Inovações foram introduzidas na irradiação da fé pelos movimentos, diríamos hoje, os "grupos pastorais", empenhados na difusão dos valores religiosos entre gente de espírito desarmado de preconceitos e apriorismos. Outro marco referencial da tradição bíblica é o *interesse pelo indivíduo,* de preferência ao clã ou tribo (em detrimento do indivíduo dada a preferência pela coletividade), que era considerado acima de tudo membro da comunidade. Não devemos esquecer que o Antigo Testamento apresenta uma concepção antropocêntrica do mundo, visualizado como palco do gênero humano.

c) O terceiro estágio é a *história salvífica universal*, que se estende à humanidade inteira pela ação de Cristo Ressuscitado e pela ação do Espírito Santo que atuam por intermédio da Igreja e de seus fiéis (NT: *Evangelhos, Atos dos Apóstolos, Cartas Paulinas e Católicas, Apocalipse*). Por ser uma ação salvífica na história tem de se tornar concreta para não ficar reduzida ao mundo espiritual e sem dimensão real. Além disso, a história salvífica de alcance universal consiste na implementação da obra da redenção de Cristo pelo fato de ali se aplicarem aos redimidos do Reino de Deus os frutos da obra de redenção de Cristo. Aos cristãos cabe a nobre tarefa de difundir os dons salvíficos, já que os sacramentos da Igreja, a ação do Espírito Santo e a oração comunitária são fonte de enriquecimento com bens sobrenaturais visando o crescimento no estado de santificação até chegar à plenitude da perfeição.

A objeção contundente do judaísmo contra o cristianismo é a morte cruenta de Cristo, pois a figura de Messias-Mártir seria prova irrefutável de que Deus-Pai rejeita esse tipo de mediador. A figura do Messias em voga entre os judeus é do tipo transcendente que está alheio a todo sofrimento e distante da humanidade sofrida. Nesse ponto de controvérsia, teve influência decisiva o apóstolo Paulo, que foi incansável no ensino sobre o significado da morte de Cristo como ato de expiação dos nossos pecados e causa meritória da salvação de toda a humanidade, e não meramente o fim biológico da vida de Cristo na terra. Trata-se do resgate dos pecadores da condenação eterna, resultando na salvação pelos méritos da obra de redenção de Cristo e que Deus-Pai aplica aos pecadores arrependidos[1]. Sem a morte salvífica de Cristo não há salvação para a humanidade: "não há remissão sem efusão de sangue" (Hb 9,22).

---

[1] O termo técnico para a reabilitação do pecador ao estado de graça é "justificação", de cunho paulino. Com esse termo se designa o fruto da obra redentora de Cristo, aplicado por Deus ao ser humano, que então passa do estado de pecado original e da situação de iniquidade ao reino da graça santificante.

Esses frutos são os méritos de sua obra redentora acumulados no tesouro guardado no céu e que Deus-Pai, por intermédio de Cristo o Mediador, distribui entre os redimidos do Reino de Deus. Destarte, a função de Cristo não se reduz à sua atuação como Intercessor das preces dirigidas a Deus, mas se complementa na aplicação dos dons divinos que Deus-Pai concede aos fiéis graças à ação de Cristo. Com isso se salienta a atuação personalizada da ação divina na humanidade sem ser confundida com os fenômenos naturais à mercê de fatores da evolução cósmica do devir do mundo.

Conclusão

A Bíblia trata da autocomunicação de Deus como Criador e Benfeitor da humanidade. A obra da criação tem sua procedência em Deus e não se confunde com a divindade, nem procede da ação de um demiurgo. Em vista disso, a experiência religiosa na vida humana não se mescla com os fenômenos naturais do cosmo, mostrando-nos que Deus não vem ao encontro do homem por meio da natureza. É que a religião bíblica trata da manifestação de Deus que se revela mediante acontecimentos históricos do Povo de Deus. Entretanto, a natureza e o espaço ambiental não são meramente o palco da vida terrena da humanidade, como se ela se desenrolasse independentemente dos fenômenos naturais, pois são esses que determinam a mudança do rumo de toda uma população, haja vista as migrações dos povos por causa da seca, da poluição das fontes de água, da deteriorização do solo sáfaro e do esgotamento dos recursos para a sobrevivência. Implicado nisso está o problema da densidade populacional em algumas regiões, que no passado se resolvia pela migração de clãs e tribos, solução que com o correr dos tempos se torna inviável. De modo algum se resolve esse problema pela partilha dos parcos recursos das famílias, com o apelo à filantropia e à solidariedade social para aliviar a carência geral.

A novidade da mensagem bíblica é o papel da criatividade do gênero humano na colaboração com o Criador em manter e continuar a obra da criação. A mais importante e deveras a mais nobre de todas as ações co-participantes é a de preservação e propagação da espécie humana por meio da paternidade como o maior milagre em que os pais de família possam participar ao trazer ao mundo uma vida nova, uma vida que é ao mesmo tempo parte do gênero humano e parte transcendente, uma vida que como criação divina implica responsabilidade no desvelo e na solicitude constantes.

A continuidade da espécie humana ultrapassa os direitos de pessoas individuais ou de grupos humanos, promovendo interesses econômicos, controle dos recursos não-renováveis e sobretudo de matérias-prima. Novos desafios têm de ser enfrentados, tais como a explosão demográfica e a resolução dos povos desenvolvidos de aumentar ou ao menos de manter seu nível material de vida, defrontando-se com os problemas do esgotamento de recursos e da poluição do meio ambiente. Aqui reside o aspecto primordial da ecologia, na medida em que determina todos os demais, reciclando materiais descartados e possibilitando aos menos aquinhoados da sociedade o acesso aos desperdícios para que possam cultivar o solo com seus microrganismos, regenerando a terra. O que provoca resultados positivos é o redimensionamento das metas de algumas instâncias públicas em colaboração com o poder econômico, por meio de subvenções, concessões, doações, isenções fiscais etc. em benefício de empresas que se dedicam a recuperar áreas devolutas tornando-as produtivas e viáveis à estabilidade da população local.

A Bíblia tem um ensinamento precioso a dar para a humanidade e para a sua missão na vida: "não há céu sem terra". É um ensinamento que gerações anteriores duramente adquiriram e constitui um legado que precisa ser transmitido aos pósteros. Trata-se da história sobre a origem e sobre a meta, ou seja, de onde viemos e para onde estamos indo coletivamente. Temos de ensinar aos jovens a grande história que começou bem antes de nós nascermos e que continuará depois de cessarmos de existir, e na qual eles têm uma função que só eles podem desempenhar, a história que para nós está contida nos textos sagrados e na memória de nossas comunidades.

Criação e ecologia nos Salmos

SALMO 96 (95)

Louvor à majestade de Deus

¹ Cantai ao SENHOR um cântico novo!
    Cantai ao SENHOR, terra inteira!
² Cantai ao SENHOR, bendizei seu nome,
    dia após dia, anunciai sua salvação!
³ Narrai sua glória entre as nações,
    entre todos os povos suas maravilhas!

⁴ Pois o SENHOR é grande, digníssimo de louvor,
    Ele inspira mais temor que todos os deuses,
⁵ pois todos os deuses dos pagãos são ídolos;
    o SENHOR, porém, fez os céus.
⁶ Majestade e magnificência estão diante dele,
    poder e magnificência, em seu santuário.

⁷ Famílias de povos, rendei ao SENHOR,
    rendei ao SENHOR glória e poder,
⁸ rendei ao SENHOR a glória do seu nome!
    Trazei a oferenda, entrai em seus átrios,
⁹ prostrai-vos diante do SENHOR no esplendor da santidade!
    Tremei diante dele, terra inteira!
¹⁰ Dizei entre as nações: "O SENHOR é rei:
    Sim, o mundo está firme sem jamais vacilar;
    Ele julga os povos com retidão"!

¹¹ Alegrem-se os céus e exulte a terra,
    estronde o mar e tudo o que ele contém!
¹² Esteja em festa a campina e quanto nela existe,
    exultem todas as árvores das florestas
¹³ diante do SENHOR! pois Ele vem,
    pois Ele vem governar a terra.
    Ele governará o mundo com justiça
    e os povos, com sua fidelidade.

Nota

²,⁸ "nome", como indicação da presença divina.

Estrutura

1-3	I.	Convite a Israel para louvar a Deus
4-6	II.	Motivo
7-10	III.	Convite às nações para louvar a Deus
11-13	IV.	Convite à criação para louvar a Deus

Comentário

1-3 Convite a Israel para louvar a Deus por meio da liturgia diária, celebrada pelos fiéis reunidos à presença divina no santuário. A realização dos desígnios salvíficos de Deus na história de Israel serve de paradigma da atuação de Deus para com as nações, tema do novo cântico de louvor, entoado pelo Povo Eleito.

A terra inteira é convidada a entoar cânticos de louvor a Deus, incluídos os povos cuja diversidade de cultura e estilos de vida é uma fonte de grande variedade na manifestação de fortes e elevadas aspirações, de múltiplas expressões do bem e de um vasto intercâmbio entre reflexões nas quais Deus se manifesta mais limpidamente. Tanto na reflexão antropológica dos autores que têm como ponto de referência constante o homem, com toda uma série de imagens, como também na reflexão teocêntrica sobre Deus, vem se expressando o louvor implícito das obras da criação. Destarte, a terra inteira presta louvor a Deus.

4-6 Motivo do louvor divino. Diante da majestade de Deus, os deuses pagãos, meras projeções da fantasia humana ou personificações das forças da natureza, são figuras inertes, veneradas como ídolos sem consistência nem poder algum. O temor, que a manifestação dos sinais da majestade divina inspira aos homens, deveria incutir-lhes um santo horror a qualquer ofensa a Deus. O Deus de Israel manifesta-se aos fiéis, à luz da fé, pelo testemunho dos antepassados sobre a intervenção de Deus na história de Israel e pelas instituições de mediação dos dons salvíficos que favorecem a relação de Deus com o Povo Eleito, cujas homenagens de louvor são o reconhecimento e a adoração expressos pelos fiéis na liturgia celebrada no santuário.

A cosmologia celeste da tradição judaica antiga conhecia a dupla estratificação de três céus e de sete céus. Nos livros apócrifos do AT constam o *Livro de Henoc* e o *Apocalipse de Moisés* que põem as almas dos justos no "terceiro céu". Na literatura clássica grega se falava de doze céus separados entre si por camadas isoladas que impediam aos mortais o acesso à morada dos deuses, separando os confins terrestres do espaço celeste. Era uma maneira imaginativa de representar a diferença entre o mundo material e o mundo imaterial. Para os mortais havia uma barreira intransponível entre o mundo físico e o mundo imaterial, povoado pelos espíritos celestes. Mas isso não afetava os deuses que podiam transitar livremente entre os dois mundos, seja por aparições em sonhos aos seres humanos seja por visitas esporádicas na terra. Segundo a imaginação dos mitógrafos havia uma maneira muito cômoda para as divindades de acompanhar a vida dos terráqueos. Elas podiam observar a terra por meio da transparência da superfície das águas de uma piscina, à cuja beira estavam cadeiras ocupadas por deuses e deusas que se divertiam com a observação do mundo através das águas cristalinas funcionando como uma lupa focalizando a vida dos seres terrestres. Consta a narração sobre o episódio ocorrido na terra, tratando de uma mulher carregada de lenha, amarrada como fardo pesado nos ombros, e que seguia o seu caminho aos trancos e barrancos. Quando tropeçava, reboava uma gargalhada estrondosa entre as deusas.

Bem diferente é a descrição da atitude de Deus que, do alto do céu, observa os seres humanos, como se lê nos Salmos:

> *O SENHOR tem seu trono no céu.*
> *Seus olhos observam,*
>   *suas pupilas examinam os filhos dos homens (Sl 11,4).*

> *Deus inclinou os céus e desceu,*
>   *com espessa nuvem sob os pés (Sl 18,10).*
> *Debruçou-se do alto e segurou-me*
>   *para tirar-me das grandes águas (Sl 18,17).*

> *O SENHOR olha do céu*
>   *e vê todos os filhos dos homens;*
> *do lugar de sua morada ele observa*
>   *todos os habitantes da terra (Sl 33,13-14).*

> *O SENHOR debruçou-se do alto do seu santuário,*
>   *lá dos céus, olhou para a terra (Sl 102,20).*

> *Quem é como o SENHOR, nosso Deus,*
>   *que tem seu trono nas alturas*
> *e baixa seu olhar*
>   *sobre o céu e a terra? (Sl 113,5-6).*

Com o olhar voltado para os habitantes do mundo, Deus não está perscrutando os homens para ver como castigá-los, mas para ver como pode salvar os que se desgarraram do bom caminho e para poder cumular de benefícios da benevolência divina os redimidos do Reino de Deus.

Os céus criados por Deus constavam de três estratificações segundo as propriedades específicas de cada um. O *primeiro céu* era o firmamento, em sua vasta extensão cobrindo a terra como um toldo com a camada de atmosfera, visível a olho nu pelo azul claro durante o dia e pelo escuro de noite. Com a aproximação de um temporal, o firmamento cobre-se de espessas nuvens de chuva que o vento leva para as regiões próximas e distantes, borrifando a terra com gotas de água. No céu claro se avistam os pássaros esvoaçando em bandos ou em vôos solitários à procura de alimento. O *segundo céu* era o espaço sideral, onde o sol segue sua rota desde o nascer até o ocaso, irradiando luz, calor e energia. Sem impor aos homens sua presença, ele se mantém a distância; participa, todavia, do ciclo da vida e, ainda que encoberto por nuvens, mantém ativa sua influência criadora e benfazeja. De noite, aparecem a lua e as estrelas que se destacam no céu escuro pelo brilho e vão traçando suas órbitas ou iluminando o espaço sideral com a Via Láctea pontilhada pelos astros de luminosidade brilhante ou quase imperceptível a olho nu. O *terceiro céu* era a morada de Deus com sua corte celeste de anjos e santos que lhe prestavam a homenagem de louvor e cumpriam o serviço de mediação de dons divinos aos fiéis. A distância entre a transcendência celeste e a vida terrestre encurta-se pela presença divina junto aos fiéis cada vez que se celebra a sagrada liturgia, porque Ele, como autor da Aliança sagrada, quer estar presente ao rito do sacrifício que a ratifica.

Enquanto os mitógrafos descrevem a transcendência da morada de Deus em termos de um reduto inacessível aos homens e aos espíritos hostis às divindades, os autores bíblicos narram diversos modos de acesso ao terceiro céu. O apóstolo Paulo foi arrebatado para lá por moção do Espírito divino, como se lê no relato auto-biográfico:

> *Fui arrebatado até o terceiro céu...se no corpo ou fora do corpo...não sei, Deus sabe. Esse homem foi arrebatado ao Paraíso e lá ouviu palavras inefáveis* (2Cor 12,2-4).

É de notar-se o uso do termo "paraíso" como sinônimo do "terceiro céu", como também no Evangelho de Lucas, em que são citadas as palavras de Cristo prometendo ao ladrão arrependido que no alto da cruz ouviu a promessa divina: "Em verdade te digo: ainda hoje estarás comigo no paraíso" (Lc 23,43). Em outro livro do NT ocorre a palavra "paraíso" para designar o lugar da morada de Deus: "junto com a árvore da vida que está no paraíso de Deus" (Ap 2,7). É de notar-se que esse "paraíso celeste" não se identifica com o "paraíso terrenal" no livro do *Gênesis* (Gn 2,8), cujo termo hebraico é (*'eden*) significando Éden, que na versão grega da LXX foi traduzido por *paradeisos* (paraíso). A questão de fundo não se reduz à análise lingüística dos termos Paraíso e Éden, mas trata-se da origem do fruto da "árvore da vida" que se localizava nesse paraíso (Ap. 2,8), símbolo do dom preternatural da imortalidade. Aliás, a imortalidade é dom de Deus a ser concedido na vida eterna por gratuidade divina, sem que o justo por si mesmo possa apoderar-se da imortalidade. É bom lembrar que se refere aqui à "imortalidade corporal" para assemelhar os falecidos com Cristo ressuscitado e não se visa a imortalidade espiritual que se baseia em doutrina filosófica. Os outros dons preternaturais são seis ao todo: ciência infusa, domínio das paixões, integridade moral, reencontro dos falecidos no céu, bem-aventurança eterna e a visão beatífica.

A discussão em torno do "terceiro céu" ou "paraíso" aborda duas questões fundamentais: a morada de Deus e o dom da "visão beatífica" como privilégio dos santos na vida eterna. Na descrição da experiência mística, S. Paulo não procura explicá-la por meio de uma comparação com a visão beatífica, porque não tem paralelo por ser de natureza *preternatural*. Por isso, S. Paulo faz uma ressalva dizendo que essa experiência era algo completamente estranho, pois ele escutou "palavras inefáveis, que não é lícito reproduzir em linguagem humana" (v.4). O motivo de isso ser ilícito é que há o perigo de ser confundido com uma alucinação, que é uma percepção aparente de objeto externo não presente no momento, e algumas vezes é também sintoma de desequilíbrio mental.

7-10 Convite às nações para louvar a Deus. A presença de fiéis, vindos de diversos países em peregrinação para o Templo de Jerusalém, é o momento propício para que todos se lembrem do compromisso de levar a fé a outros povos, quando retornarem a suas terras. A motivação de transmitir a fé aos homens não provém do interesse de um proselitismo expansionista, mas da missão por eles assumida na presença de Deus no santuário, simbolizada pela Arca da Aliança, "o esplendor da santidade". É por mandato divino, incutido à comunidade de fé, que os fiéis se põem a serviço da expansão do

Reino de Deus. As nações chegam ao conhecimento de Deus por meio da revelação bíblica sobre a soberania divina, que se estende sobre as nações do mundo inteiro. Nessa perspectiva se vê a obra missionária da Igreja, que tem o encargo de levar os frutos da obra de redenção de Cristo a todos os povos, sem restrição às suas culturas e tradições religiosas. Longe de ser uma forma de expansão da hegemonia que uma religião exerce sobre outras ou de extensão da influência das comunidades de fé cristã sobre outros grupos humanos, trata-se antes de tudo da promoção de valores humanos e religiosos em benefício dos respectivos grupos.

O último verso desta estrofe chama a atenção dos fiéis para os critérios da estabilidade da organização social do mundo, isto é, o mundo acadêmico, o mundo artístico, o mundo desportivo, o mundo legal e jurídico, o mundo comercial, o mundo político etc.

> *Dizei entre as nações: "O SENHOR é rei:*
> *Sim o mundo está firme sem jamais vacilar;*
> *Ele julga os povos com retidão" (v.10).*

Os critérios da ética da convivência social correspondem às normas de uma constituição que reconhece a autoridade de Deus como Ser Absoluto: JAVÉ do povo de Israel, SENHOR do Povo de Deus, do Estado moderno: "In God we trust". É de notar-se, porém, que os autores da constituição do Estado já dirimiram questões controversas, referentes à pluralidade dos grupos humanos que integram a nação, pela via do consenso na fundamentação das normas éticas, baseada na exigência de universalização dessas normas éticas em vista do bem comum. Ora, não são grupos carismáticos ou fanáticos sectários, que têm o direito de impor princípios morais alternativos, mas somente aqueles que propõem os fundamentos da racionalidade ética, que se fazem múltiplos, para atender a complexidade do fenômeno moral.

11-13 Convite à criação para louvar a Deus. A natureza inanimada deve associar-se ao louvor divino, porque nela Deus se revela por meio de sua ação onímoda, conservando o ser das criaturas. Quem convida a natureza para o louvor de Deus é o salmista que quer ressaltar o contraste entre o ecossistema sob os efeitos do equilíbrio das condições mutáveis do mundo e o impacto devastador causado pelos fenômenos catastróficos nos continentes através dos terremotos e maremotos, das erupções vulcânicas, das intempéries de um clima adverso, à mercê da ação destrutiva da água da chuva ou da tempestade, da água salobra de poços poluídos, das ventanias e tempestades, das enxurradas ou estiagens prolongadas, do clima causticante ou das nevascas e avalanches, dos rios que transbordam pelas enchentes ou secam por mudança do regime pluviométrico, das florestas que morrem por causa da chuva ácida ou poluição do ar, do desmatamento de áreas arborizadas, da água contaminada por efluentes químicos, agrotóxicos ou poluentes industriais. Esses fatores afetam não só o clima e a natureza nas diversas regiões, mas põem em perigo as próprias condições de vida do mundo vegetal e animal.

Água, como elemento essencial à vida da natureza e à vida humana, tornou-se causa de preocupação devido a diversos fatores da vida moderna e do avanço da civilização. Por causa do progresso da sociedade agrária, da sociedade industrial e urbana, do desenvolvimento da agroindústria nas regiões rurais e do gigantismo metropolitano ficou mais intenso o impacto sobre a rede hídrica do país. Por outro lado, se forem consideradas as condições de vida condicionada ao acesso à água potável da chuva, das fontes e dos rios, é de se prever uma situação em que o mundo contemporâneo enfrentará uma crise devida à escassez de água por causa da excessiva demanda decorrente da irrigação de grandes plantações e de hortas hidropônicas, do funcionamento de numerosas hidroelétricas, da construção de piscinas para fins de lazer, da contínua lavação de carros, garagens de pátios, da lavagem de cascalho nas lavras de diamantes, da inovação em banhos terapêuticos e relaxantes, da instalação hidráulica para hidroterapia nos apartamentos. Outro aspecto preocupante é o perigo de contaminação dos cursos de água e do lençol freático pela poluição industrial, pelos esgotos urbanos e pelos resíduos tóxicos das centrais nucleares, dos defensivos agrícolas e dos metais pesados nos garimpos.

Quando o salmista convida a criação inteira a louvar a Deus, os fiéis escutam um sutil apelo à responsabilidade pelos dons da natureza.

Ao mencionar-se o habitat das criaturas, ressalta-se o aspecto ecológico da *terra*, do *mar*, do *campo* e da *floresta*, donde vêm os recursos para o seu sustento. O louvor prestado a Deus será tanto mais amplo quanto maior for o próprio equilíbrio vital entre o homem e a natureza. Além do ambiente natural do homem, valoriza-se seu ambiente social e religioso, pois Deus interveio na história por meio da fundação de uma comunidade, cujos membros levam em conta os direitos individuais e sociais de todos e praticam a virtude da justiça nas relações humanas. As normas de direito e justiça baseiam-se na Aliança divina com o Povo Eleito, cuja convivência humana favorece entre os fiéis uma comunhão de vontades orientadas para Deus, a quem rendem sua adoração em reconhecimento da soberania divina sobre todos os povos.

A manifestação da intervenção de Deus na história da humanidade tem repercussão nas instituições governamentais e, por isso, o sentido do verbo hebraico (*šafat*) tem a conotação de "governar" no âmbito administrativo dos ministérios públicos, e não tem a conotação de "julgar" em dimensão escatológica. Na verdade, a presença atuante de Deus no mundo não se pode relegar ao Juízo Final, como instância judicial que avalia a atuação dos homens na vida passada, como se Deus ficasse alheio ao desenrolar da história que estivesse em mãos das autoridades que detêm o poder e dos súditos à mercê do autoritarismo dos maiorais do país.

Oração

Oração de louvor para despertar nosso amor para com Deus, pela realização de seus desígnios salvíficos na história de Israel (v. 1-3), como paradigma de sua atuação para com a humanidade inteira (v. 4-10), levando ao reconhecimento da soberania divina sobre todas as criaturas (v. 11-13).

Contexto

Este hino, que celebra o reinado de Deus, data do período pré-exílico.

TEMA ESPECIAL

A visão do terceiro céu

A descrição clássica da experiência mística arrebatadora encontra-se nas *Cartas Paulinas*. Consta o relato auto-biográfico desse fenômeno místico ocorrido na vida do apóstolo Paulo, que foi arrebatado para o "terceiro céu" por intervenção direta do Espírito divino:

Fui arrebatado até o terceiro céu...se no corpo ou fora do corpo...não sei, Deus sabe. Esse homem foi arrebatado ao Paraíso e lá ouviu palavras inefáveis (2Cor 12,2-4).

Essa descrição clássica do arrebatamento místico faz uma diferença entre a experiência *mística imaginativa* e a *mística intelectiva*. A experiência mística "no corpo" consiste na percepção de objetos pelos sentidos externos (visão, audição, tato, fantasia etc.). Para conservar essas percepções em nós mesmos, temos a *imaginação*, que é uma espécie de receptáculo das formas apreendidas através dos sentidos.

Quanto à experiência *mística intelectiva* cabe à mente adquirir idéias por um processo mental do raciocínio abstraindo dos sentidos somáticos, sendo, portanto, "fora do corpo". Por isso é que S. Paulo omite a visão do cenário e do ambiente do "terceiro céu" e muito menos há uma referência às pessoas presentes ali, pois isso seria semelhante a uma experiência imaginativa. A única coisa que lhe veio à memória quando redigiu esse relato foi o conteúdo conceitual das palavras.

Além disso, quando S. Paulo falava do "arrebatamento ao paraíso" tinha também em mente a finalidade de fazer uma distinção entre a intervenção do Espírito Santo em sua vida e as nobres aspirações para a autotranscendência como propriedade essencial do ser humano e como último fundamento da sua espiritualidade. Porquanto a autotranscendência é o resultado de uma conquista pessoal, pode-se atingi-la só gradualmente, um pouco de cada vez. Costuma-se subdividir a autotranscendência em três espécies principais: a *autotranscendência horizontal*, que consiste no impulso do homem de superar-se a si mesmo olhando para a frente, orientando-se para as coisas futuras no pensar, no querer e no agir. A *autotranscendência vertical* é aquela na qual o homem se ergue sobre si mesmo, olhando para cima e notando a própria finitude. A *autotranscendência metafísica* é o movimento com que o homem se ultrapassa sistematicamente a si mesmo, começando pelo aprimoramento do sujeito, estendendo-se para o aperfeiçoamento da comunidade, e alçando-se por sobre a dimensão imaterial da própria vida até chegar à espiritualidade.

SALMO 104 (103)

Criação e ecologia nos salmos

Hino a Deus Criador

1. Bendize, ó minha alma, o SENHOR:
    "SENHOR, meu Deus, como és grande!
    Tu te vestes de majestade e magnificência"!
2. Ele está revestido de luz como um manto;
    estende o céu como um toldo,
3. erige as vigas de seus altos patamares sobre as águas;
    das nuvens faz sua carruagem,
    anda sobre as asas do vento;
4. dos ventos faz seus mensageiros,
    e do fogo flamejante seus ministros.

5. Quando assentou a terra sobre suas bases,
    para que jamais vacile,
6. como por um manto a cobriu com o Oceano,
    e as águas mantinham-se sobre as montanhas.
7. À tua ameaça, fugiram;
    ao reboar do trovão, precipitaram-se,
8. subindo pelas montanhas, descendo pelos vales,
    para o lugar que lhes assinalaste.
9. Impuseste-lhes um limite que não devem ultrapassar,
    para não tornarem a cobrir a terra.

10. É ele que faz jorrar as fontes nos vales;
    elas correm por entre os montes
11. e dão de beber a todos os animais do campo;
    os asnos selvagens matam a sede;
12. junto delas moram as aves do céu,
    que, entre os ramos, soltam seu trinar.

Criação e ecologia na Bíblia

13 É ele que, dos seus altos patamares, rega as montanhas,
 e a terra se sacia do fruto de tuas obras;
14 faz brotar a erva para o gado,
 as plantas que o homem cultiva,
 tirando da terra o alimento,
15 o vinho que alegra o coração,
 o óleo que dá brilho às faces
 e o pão que reconforta o coração do homem.

16 As árvores do SENHOR saciam-se,
 os cedros do Líbano, que ele plantou,
17 nos quais os pássaros fazem seu ninho,
 em cujos cimos a cegonha tem pousada.
18 As altas montanhas pertencem às cabras montesas,
 os penhascos dão abrigo às marmotas.

19 É ele que fez a lua para marcar os tempos,
 e o sol conhece seu ocaso.
20 Quando desdobras as trevas, faz-se noite,
 na qual rondam as feras da selva.
21 Os leões rugem por alguma presa,
 e reclamam de Deus o seu alimento;
22 ao nascer do sol, recolhem-se
 e vão deitar-se nos covis.
23 O homem sai para seu trabalho,
 para suas lides até o entardecer.

24 Quão numerosas são tuas obras, SENHOR!
 Fizeste-as todas com sabedoria.
 A terra está repleta de tuas criaturas.
25 Eis o mar, grande e vasto em todas as direções:
 um fervilhar de inumeráveis
 animais, pequenos e grandes!

²⁶ Por ele singram os navios
   e o Leviatan, que formaste para nele folgar.

²⁷ Todos esperam de ti
   que lhes dês alimento no devido tempo.
²⁸ Tu lhes dás, e eles o recolhem;
   abres a mão, e eles se fartam de bens.
²⁹ Escondes a tua face, eles se perturbam;
   se retiras o seu alento, perecem e voltam ao seu pó.
³⁰ Envias teu espírito, eles são criados,
   e renovas a face da terra.

³¹ Perdure sempre a glória do SENHOR!
   Alegre-se o SENHOR por suas obras!
³² Ele olha para a terra, e ela treme;
   ele toca as montanhas, e fumegam.
³³ Enquanto eu viver, cantarei ao SENHOR;
   cantarei louvores ao meu Deus, enquanto eu existir.
³⁴ Que minha meditação lhe seja agradável!
   e eu me alegrarei no SENHOR.
³⁵ Que os pecadores desapareçam da terra,
   e os ímpios cessem de existir!

   Bendize, ó minha alma, o SENHOR!
   Aleluia!

Nota

¹,² "tu" — "ele": a troca de pessoa gramatical é um recurso estilístico chamado "enálage".

¹⁵ "o óleo", lit. "com óleo", um dos três produtos essenciais: vinho, óleo e trigo.

Estrutura

1a	I. Invitatório
1b-4	II. Majestade de Deus
5-9	III. Origem da terra
10-18	IV. Vida na terra
19-23	V. Ciclo do tempo
24-26	VI. Espaço habitado
27-30	VII. Alento vital
31-35	VIII. Glória de Deus
31-32	A. Doxologia
33-34	B. Promessa e votos
35a	C. Imprecação
35b	D. Aclamação de louvor

Comentário

1a *Invitatório* para louvar a grandeza de Deus revelada nas obras da criação. É um convite à alma do salmista para chegar ao conhecimento de Deus à luz natural da razão por meio das coisas criadas. Trata-se de uma contemplação *sapiencial* das maravilhas da natureza, pois os critérios de objetividade não são apenas os critérios da visão ocular, já que estão integrados também os critérios da experiência, da intelecção, da avaliação e da fé. Por isso, o significado do conhecimento do mundo não se limita à intuição do poeta, mas provém da experiência externa e interna de uma comunidade cultural, que continuamente avalia e comprova a validez dos dados da experiência.

1b-4 *Majestade de Deus* manifestada na ordem cósmica. As criaturas são como que o ornato resplandescente de seu manto real, e o cosmo é o refulgente adereço de suas insígnias de realeza. O firmamento é o dossel do trono real, erigido em palácio inacessível à vista humana. Sua presença é anunciada pelos ventos e raios, cuja força destrutiva está sob o controle de Deus. Evidentemente, não se visualiza a realidade sob o ponto de vista da observação visual, mas se extrapola através da compreensão de toda criação à luz de sua relação com a vida e com a fé.

5-9 *Origem da terra*. A criação do cosmo é o resultado de sua separação do caos, representado pela imagem das águas primordiais que cobriam a terra. A preocupação com a estabilidade do mundo, juntamente com as comoções cósmicas dos períodos geológicos, percebe-se na referência à alteração da superfície das águas dos oceanos, seja por vagalhões de grandes ondas ou pela subida do nível do mar causando ressacas no litoral.

A idéia de separação dos elementos materiais na formação do mundo é própria da Bíblia, porque os povos mesopotâmicos imaginavam a origem do mundo a partir da divisão da carcassa de monstros mitológicos servindo posteriormente de arcabouço estrutural. Outrossim, a separação entre a luz e as trevas, entre o dia e a noite, entre o sol diurno e os astros noturnos, é fator de distanciamento como também de relação entre os vários elementos. Quando se trata dos seres vivos e do conjunto da fauna e da flora é mencionada também a relação essencial do peixe relativamente à água, do pássaro relativamente ao ar, da criatura humana relativamente a Deus.

10-18 *Vida na terra*, que surge com a água caindo em forma de chuva ou brotando das fontes. Aparece a vegetação, que serve de sustento aos animais e ao homem. O mundo é como um imenso parque à disposição das criaturas, vivendo em paz e harmonia, sob os cuidados benfazejos do Criador que lhes dispensa seus dons em profusão. Ao homem trata como hóspede de honra, oferecendo-lhe vinho, óleo e pão, em paga do cultivo da terra.

19-23 *Ciclo do tempo*. A alternância do dia com a noite e o ciclo das estações do ano mantêm o equilíbrio e a paz no reino animal: de noite se aproveitam as feras para apanhar de surpresa a caça; o homem aproveita o dia para ganhar seu sustento pelo trabalho.

24-26 *Espaço habitado*. A imensa variedade de criaturas dispõe da terra e do mar para terem seu habitat apropriado, em condições favoráveis à sua conservação. O mar não constitui ameaça para os navegadores, que temem o Leviatan, lendário monstro marinho, personificação da fúria dos oceanos, a divertir-se nas águas do mar, como os golfinhos. Tanto a vastidão da terra como dos oceanos que envolvem os hemisférios do norte e sul tem a presença do homem não como intruso e estranho, mas na figura do *homo sapiens* que sabe tirar proveito do meio ambiente para proveito dele e das gerações futuras. Pois a sabedoria é dom da humanidade que Deus concedeu aos seres humanos para sustentar sua existência com os recursos provindos da terra e do mar.

27-30 *Alento vital*. As criaturas dependem do Criador para se conservarem vivas, mediante o sustento, para se preservarem da extinção e para perpetuarem a espécie sobre a terra pela reprodução. Até mesmo as alterações climáticas que afetam o ciclo de chuvas ou de estiagens, embora dependam das influências atmosféricas dos respectivos hemisférios, estão em última análise sujeitas às leis da natureza, estabelecidas por Deus. A cada nova estação do ano acontecem profundas transformações no ciclo da natureza e no clima ambiental que afetam a vitalidade da vegetação e mudam o regime dos ventos, trazendo nuvens de chuva que fazem crescer as plantas ou causando tempestades que destroem milhares de vidas e o trabalho de gerações. Se a vida renasce na terra após condições adversas, parece como que "novos céus e uma nova terra" (Is 65,17) nos oferecessem oportunidades propícias à existência humana no mundo. Evidentemente, não se atribui ao capricho ou à arbitrariedade do destino cego a causa dos vários fenômenos climáticos, mas se reconhece a autoria divina quando se trata da vida dos seres humanos.

31-35 *Glória de Deus*. Cheio de admiração pela obra da criação, o salmista dirige uma prece ao Criador com o desejo de que sua glória seja celebrada de maneira condigna. A alegria que Deus manifestou na manhã do mundo recém-criado não deverá turvar-se pela ingratidão ou revolta de nenhuma de suas criaturas, quando um único olhar de Deus seria suficiente para causar um tremor de terra ou uma erupção vulcânica. Embora palavras humanas sejam inadequadas à celebração da glória de Deus, o salmista espera que Deus aceite seu poema como expressão de reconhecimento e júbilo que lhe transbordam do coração.

A imprecação contra os ímpios e pecadores consta somente neste Hino inserido no final, visando a eliminação de gente nefasta do conjunto das criaturas, porque causam uma dissonância na grande sinfonia da criação (v.35). À primeira vista parece ser uma interpolação com finalidade moralizante, destoando do poema de louvor, já que hino algum cita uma imprecação sequer. Entretanto, é importante notar que nenhum dos *Hinos e Orações*, das literaturas antigas, citados na compilação ANET, tem uma referência a ímpios e pecadores ou a situações que são destrutivas à ordem da criação (não obstante as guerras no âmbito histórico). Uma explicação adequada para compreender o fundo da questão é o duplo objetivo dos hinos de louvor para a comunidade dos fiéis, a saber, a oração visando despertar no coração o amor para com o Criador e afastar o perigo de Deus castigar a todos por causa da impiedade de alguns. A comunidade que recitava preces imprecatórias na liturgia professava tanto sua fidelidade na adesão a Deus quanto seu rompimento com os ímpios.

Oração

Oração de louvor para despertar nosso amor para com Deus, que criou o mundo como um conjunto harmonioso, nele integrando os seres humanos e a natureza (v. 1-30), para que glorifiquemos o Criador em nosso nome e em nome de todas as criaturas (v. 31-35).

Contexto

Este hino de louvor, uma versão poética do relato da criação, que consta no primeiro capítulo de Gênesis, data do período pós-exílio.

TEMA ESPECIAL

Hinos religiosos da Antiguidade

O atrativo que mais encanta o leitor de *Hinos e Orações*, das literaturas antigas, é o enlevo da alma. É este também o objetivo porque foram compostos. Visam encantar a mente e o coração em busca de dimensões mais elevadas que superem a confinação de toda a realidade cognoscível à experiência, levando a metas transcendentes. Nos hinos e poemas religiosos temos de ver a intenção dos poetas inspirados que procuravam orientar a mentalidade dos cidadãos para aspirar a ideais sublimes e suscitar neles sentimentos nobres. Era um dos passos mais significativos para superar o estado de mesquinhez e trocar o vazio do coração por voôs mais altos em demanda dos dons que só uma cultura avançada pode oferecer.

Para alcançar esse objetivo, os poetas não recorriam à evasão da realidade, em busca de utopias, nem usavam os mais variados recursos literários para despertar o desejo do belo, visando apenas o prazer estético. O que intencionavam com seus poemas era fomentar o desejo de coisa maior que fosse algo transcendentalmente além do biológico, do histórico, do social e do psicológico. Usavam a arte para estimular a mente na apreciação da natureza e do espaço sideral e dali a beleza se alonga em vislumbres de sua origem e fonte. Pois a sublimidade está para a beleza na apreciação daquelas dimensões que abrem perspectivas para o transcendente. Destarte, é de grande interesse para nós a ênfase nos aspectos da *ecologia* que não se restrinjam aos assuntos da cosmologia. Pois as áreas da cosmologia são acessíveis a todos os que querem se aprofundar no estudo e conhecimento do mundo. Mas na ecologia, o indivíduo encontra razões para relacionar o mundo físico à existência humana e descobrir um plano divino a respeito da felicidade das criaturas, plano esse desenhado por mãos amorosas de Deus. Era preciso, portanto, relacionar o mundo a Deus como *Criador* do universo e como *Benfeitor* que o sustenta. Temos aí um dado importante na evolução do pensamento humano, baseado não em mitos sobre a origem do mundo, atrelada a uma teogonia (mito sobre a origem dos deuses em luta com o deus supremo), mas relacionada com o Deus Criador que sustenta e conserva o mundo recém-criado. É esse também o tema da ecologia que se ocupa com as condições e os mecanismos de defesa do meio ambiente. Não bastava, pois, a concepção de um deus como "Grande Espírito", segundo a crença espalhada entre os índios, voando como uma águia no firmamento do céu e observando as criaturas terrestres. Era preciso mostrar como o Deus Criador do mundo e Benfeitor da humanidade dava vida e proporcionava constantemente suas benévolas atenções a todos os seres vivos.

É de notar-se que os *Hinos e Orações* das literaturas antigas exaltam as qualidades positivas da natureza e seus efeitos benéficos para o mundo das criaturas por influência das divindades. Nisso inspiraram-se nos atributos de Deus como Criador e Benfeitor, para neutralizar e superar o fatalismo e o pessimismo da influência nefasta do destino cego, do azar e do fado, que segundo as conjeturas dos fisicistas foram impostas como forças determinantes sobre a vida e o desenrolar da evolução do mundo. Contra as especulações dos fisicistas surgiram reações de repúdio entre pensadores e líderes de religiões.

Na verdade, não estavam fugindo da responsabilidade dos homens em cumprir seu papel na história, mas estavam buscando uma saída de toda a sorte de determinismos: o fado, os astros, os demônios etc. Lembremos as palavras de Epicuro, filósofo grego da Antiguidade: "É melhor aceitar as fábulas sobre os deuses, do que a doutrina sobre o destino cego dos fisicistas".

O Salmo 104 é preclaro exemplo de inculturação dos temas teológicos do AT nas tradições religiosas do antigo Oriente Médio. Ali se pode perceber a intenção das lideranças do povo de apontar para a importância das relações transcendentais que levam a descobrir a vocação e a meta da existência humana. Pois impõe-se um desafio que nos confronta com a ciência natural e com as metas que as crenças nos propõem na atuação de Deus quanto à evolução dos diversos fenômenos imprevisíveis da natureza. Surge a pergunta sobre a lei da continuidade inalterada desses fenômenos como também sobre a iniciativa humana na alteração do clima e da ecologia. Não se escapa da implicação benéfica ou nefasta da respectiva ação coletiva. A obra da criação é dom de Deus e está em mãos da humanidade que tem a responsabilidade de mantê-la para o bem de todos.

Criação e ecologia
na Bíblia

SALMO 147 (146-147)

Louvor à Divina Providência

¹ Aleluia!
Como é bom cantar ao nosso Deus;
    como é agradável dar um louvor condigno!
² O SENHOR reconstrói Jerusalém,
    reúne os deportados de Israel;
³ cura os corações quebrantados
    e pensa-lhes as feridas.

⁴ Ele fixa o número das estrelas,
    a cada uma dá um nome.
⁵ Nosso Senhor é grande e cheio de força;
    é infinita sua inteligência.
⁶ O SENHOR ergue os humildes,
    mas rebaixa os ímpios até o chão.

⁷ Entoai ao SENHOR a ação de graças,
    cantai ao nosso Deus na cítara!
⁸ Ele cobre de nuvens os céus,
    prepara a chuva para a terra;
    faz brotar a erva sobre os montes,
⁹ dá o alimento ao gado
    e aos filhotes do corvo, que crocitam.

¹⁰ Ele não se compraz no vigor do cavalo,
    nem dá valor às pernas do homem;
¹¹ o SENHOR aprecia os que o temem,
    os que esperam por seu amor.

¹² Glorifica o SENHOR, Jerusalém!
    Sião, louva teu Deus!
¹³ porque ele reforçou as trancas de tuas portas
    e, em teu meio, abençoou teus filhos.
¹⁴ Ele, que dá a paz em tuas fronteiras,
    te sacia com a flor do trigo.

¹⁵ Ele envia suas ordens à terra;
    veloz, corre sua palavra.
¹⁶ Ele faz cair a neve como lã,
    como cinza espalha a geada;
¹⁷ lança o granizo aos punhados:
    diante de tal frio, quem pode resistir?
¹⁸ Ele envia sua palavra e o derrete;
    faz soprar o vento, e correm as águas.

¹⁹ Ele proclama a Jacó sua palavra,
    a Israel, seus decretos e suas decisões.
²⁰ Isto, não o fez a nenhuma das nações,
    e elas não conhecem suas decisões.

    Aleluia!

Nota

²⁰ "conhecem" no TM; "as fez conhecer" no mss. hebr. de Qumrân.

Estrutura

1-6   I. Louvor a Deus que restaura Israel
      1   A. Invitatório

2-3	B. Ação de Deus na história
4-5	C. Ação de Deus no cosmo
6	D. Ação de Deus na história
7-11	II. Louvor a Deus que sustenta os necessitados
7	A. Invitatório
8-9	B. Ação de Deus no cosmo
10-11	C. Ação de Deus na história
12-20	III. Louvor a Deus que beneficia Sião
12	A. Invitatório
13-14	B. Ação de Deus na história
15-18	C. Ação de Deus no cosmo
19-20	D. Ação de Deus na história

Comentário

1-6 Louvor a Deus, que restaura Israel. O convite ao louvor é dirigido aos repatriados de Jerusalém, para retomarem as celebrações litúrgicas em honra de Deus. Motivo de louvor é a libertação dos exilados do cativeiro, a reconstrução de Jerusalém e a reconciliação de Deus com os repatriados da Babilônia, para inauguração de nova etapa da história com a graça do perdão, que cicatriza as feridas do passado.

O acontecimento da restauração de Israel, após o Exílio na Babilônia (587-535 a.C.) é um fato inédito na história da Antiguidade, pois o período de meio século de ausência de um povo do seu território abriu uma lacuna que, no passado, costumava ser preenchida por invasores estrangeiros que se localizavam nas terras desocupadas. Ora, havia outros fatores que impediram a ocupação do território de Judá como terra de ninguém, entre os quais se pode mencionar a preferência dos migrantes estrangeiros por terras produtivas nas várzeas do rio Nilo ou por miscigenação nas populações de maior poder aquisitivo. Além disso, os habitantes autóctones de Judá opuseram-se ferrenhamente a qualquer tipo de alienação das terras pátrias aos ádvenas de outros países, pois, de acordo com a convicção profundamente enraizada, tratava-se da Terra Prometida que era propriedade do Povo Eleito. Daí que os habitantes de Judá mantiveram a posse da terra como propriedade inalienável das famílias, cujos descendentes de primeira geração voltavam do Exílio.

O agente da história da salvação é Deus. Porém, quem era o protagonista dos reinos dos babilônios que foi conquistado pelos persas? Segundo os autores bíblicos, havia uma influência da atuação de Deus na história atuando através da conjuntura política daquela época. Em retrospecto sobre o destino de outras tribos israelitas, abriu-se uma lacuna na história de Israel que nunca foi consertada. É que Deus não interveio para salvar as dez tribos do Povo Eleito que em 722 a.C. foram exiladas do Reino do Norte de Israel e deportadas para a Mesopotâmia (2Rs 17,6; 18,9-11). Com efeito, essas tribos foram deixadas à mercê da miscigenação entre os povos pagãos em terra estrangeira. Encerrou-se sua missão na comunidade do Povo de Deus, ficando para as famílias dos israelitas decidirem o futuro dos descendentes. Desde o passado até hoje acontece o mesmo destino aos fiéis, pois quem não estiver inserido na comunidade fé estará sujeito a ser absorvido pela maioria dos adeptos de outras religiões.

O fator determinante na história dos israelitas da Palestina foi a política expansionista do Império Persa, que contava com trânsito livre dos seus exércitos pela Estrada do Mar atravessando a Palestina rumo ao Egito. Os persas precisavam assegurar a todo custo o acesso a essa via de comunicação, deixando tal tarefa nas mãos do povo de Judá, cuja lealdade era a contrapartida dos judeus pela repatriação dos exilados na Babilônia.

Tanto a repatriação dos israelitas, cujos pais eram de origem do território de Judá, quanto a restauração da ordem histórica eram obra da onipotência de Deus e não constituíam um desafio ao seu poder, como não o eram a contagem e identificação das estrelas na imensidão do céu sideral. Os nomes das estrelas eram desconhecidos aos astrônomos hebreus, dentro das limitações do conhecimento de matemática e astrofísica. Não é de admirar-se que o salmista nem sequer aventa uma hipótese sobre a configuração do mapa astral na esfera celeste. Anteriormente, os astrônomos babilônios contentavam-se com designar algumas constelações estelares. Posteriormente, os gregos começaram a dar às estrelas nomes próprios. E já que na Mesopotâmia e no Egito não se conhecia a álgebra, que só foi introduzida na Grécia antiga, os astrônomos babilônios não podiam calcular o movimento e a órbita dos astros no céu. Nas gravuras em pedra e nas inscrições em ladrilhos, descobertos pelas escavações arqueológicas na Mesopotâmia, constam listas de estrelas, cujas respectivas posições no firmamento são indicadas ali segundo a latitude e as horas noturnas.

Poderia interpretar-se a referência ao número das estrelas e a algumas das constelações no céu sideral como mera ilustração dos atributos da onipotência e onisciência de Deus. Porém, tal interpretação só seria possível se fosse descartada a intenção do salmista que quer comparar o milagre da restauração de Israel, no âmbito histórico, com a maravilha da criação do mundo, no âmbito cósmico. São duas obras de Deus que mostram sua grandeza e sabedoria: uma é obra realizada na história, e outra, na natureza. A lição desse relato é a seguinte: a geração pós-exílica de Israel não é inferior à geração pré-exílica, porque ambas fazem parte do Povo Eleito e têm a importante missão na vida de serem portadores dos dons salvíficos da Aliança sagrada para a humanidade.

Nisso se evidencia que um dos fatores determinantes da evolução e do crescimento humano é a *auto-estima* que a comunidade acalenta e transmite à nova geração com fundamentação detalhada. Logo de início se esclarece o objetivo em seu verdadeiro significado, a saber, que a auto-estima não consiste na ufania nacionalista, mas na situação de ser um "povo humilde", sem voz nem vez, frente aos povos vizinhos do Oriente Médio, que naquele tempo impunham ao mundo sua política expansionista e detinham o poder econômico em suas mãos. Em todo caso, os fiéis do Povo Eleito não deviam basear sua auto-estima nos critérios dos governos imperialistas, mas na confirmação e complementação do intercâmbio fraterno entre a grande contribuição da religião bíblica aos povos circunvizinhos, cujas culturas são mediação direta e vivencial com ela. Entretanto, essa complementação não deveria excluir a dimensão ética, porque obrigava, por um lado, à cautela e à vigilância autocrítica, principalmente frente a tendências imperialistas, e por outro lado, visava corrigir os defeitos e vícios. Aliás, a própria motivação à fidelidade na fé tinha de inspirar-se na necessidade do dom importante da perseverança final, já que essa fidelidade não estava sujeita às veleidades do comportamento humano. Era preciso, porém, ficar de alerta contra a ameça real dos ímpios que queriam acabar com a comunidade de fé.

Surge a pergunta sobre a finalidade da ação de Deus no mundo e na história seja de forma direta (por meio de milagres) ou indireta (por meio de circunstâncias providenciais). No fundo, trata-se da questão acerca da intervenção salvífica de Deus em favor dos seus fiéis, excluindo-se ações isoladas para atender as preces de um indivíduo sem qualquer vínculo com a comunidade de fé. Fora da Bíblia encontramos os *fatalistas*, segundo os quais tudo o que acontece no mundo é devido a uma fatalidade cega, à qual o próprio Deus estaria submetido. Há também alguns *naturalistas*, que excluem totalmente da ação de Deus no mundo, porque tudo estaria regulado por leis naturais sem qualquer intervenção divina. Por outro lado, surgiu a hipótese que interpreta a Divina Providência em termos de um determinismo com prejuízo da liberdade em Deus no governo do mundo. Cabe aqui mencionar a objeção à atitude de um Deus intervencionista, do tipo de um *deus ex machina*, cuja atuação propiciaria um desfecho inesperado e feliz duma situação grave. Evidentemente, não é esse o caso na Bíblia, porque entra em questão um conjunto de fatores que manifestam diversas formas como Deus se autocomunica através da história religiosa do Povo de Deus. Antes de tudo, impõe-se à consideração do comentarista um conhecimento esclarecido do que sejam acontecimentos históricos, inseridos na história da salvação, sob pena de não saber distinguir entre fenômenos desconexos e fatos que objetivam a palavra divina e esta, por sua vez, explica o significado dos fatos. Na verdade, os textos que ilustram a intervenção de Deus em favor do Povo Eleito ressaltam a atuação de um *Deus comprometido* com seu povo, por ser o povo da Aliança sagrada, não tendo nada a ver com a idéia de um Deus intervencionista, no destino do mundo ou nas leis da natureza. Nesse sentido, não se trata de uma intervenção divina que comprove a eficácia da súplica de um devoto na hora de aperto, porque a eficácia da oração de súplica não se baseia no indivíduo, mas na oração comunitária.

Os participantes da liturgia, celebrada no Templo, distinguem-se dos visitantes, dos espectadores do cerimonial ou grupos de curiosos que estão perambulando pelos vários recintos do santuário. O salmista considera a coletividade dos fiéis reunidos em oração como "povo", não no sentido literal de uma "multidão de gente", mas com base na vinculação pela Aliança com Deus, e por isso os chama de "teu povo". Na verdade, Deus não se relaciona com

Israel por ser simplesmente um povo entre outros povos, mas por ser o povo que desde tempos remotos foi eleito por Ele. A união com a comunidade de fiéis através da pertença ao Povo Eleito implica uma vinculação mútua e não um *quid pro quo*, que consiste na contrapartida de alguma coisa em paga pelo favor de Deus, mas sim na doação de si mesmo. Quando os fiéis da comunidade de fé estiverem reunidos em oração, exercerão o papel de intercessores pelos redimidos do Reino de Deus de longe e perto, incluindo suas intenções para serem atendidas por Deus, que as acolhe com benevolência por serem filhos seus.

7-11 Louvor a Deus, que sustenta os necessitados. O convite ao louvor é dirigido aos fiéis para participarem da liturgia de ação de graças, nas celebrações do culto realizado no santuário. Motivo de louvor é a Providência divina, atuando através de fenômenos da natureza. A previsão de chuvas regulares e a produção de abundante alimento são sinal visível da solicitude de Deus pelos repatriados, suscitando neles nova esperança. Além disso, essa Providência exercida por meio de acontecimentos precisos na história confirma-se com a promessa da proteção divina, que será tanto mais eficaz, quanto maior for a fidelidade do povo a Deus e sua confiança no auxílio divino. Com efeito, a fé como dom divino e virtude humana não é um sentimento vago e genérico, mas tem de ter conseqüência que se comprova na convicção pessoal e na da comunidade de féis. Essa comunidade não se compõe de gente selecionada com base na afinidade de temperamentos iguais nem por interesses em ideais semelhantes.

12-20 Louvor a Deus, que beneficia Sião. O convite ao louvor divino destina-se à comunidade de fiéis estabelecidos na Cidade Santa (designando Jerusalém como centro religioso e político da nação israelita), para celebrarem ações de graças pela singular bondade de Deus com seu povo. Os benefícios de *ordem histórica* são paz e prosperidade, como condições necessárias para a reconstrução do país após o período do Exílio. Os fenômenos de *ordem cósmica* são citados em referência às condições do clima, do qual depende a safra de trigo do ano seguinte. Durante a temporada de um clima ameno não há uma perspectiva de uma colheita abundante, mas somente em clima de inverno, quando a semente de trigo foi lançada na terra, coberta de neve, geada, granizo e em meio à temperatura fria, que mantém o grão de trigo em estado de dormência, até que a atmosfera da primavera e o solo umedecido pela água do degelo façam germinar a semente. A função da palavra de Deus comparada a esse contexto é ressaltar o fato de que a ação de Deus se impõe às forças da natureza, demitizando-se a influência de divindades cósmicas e telúricas. Quanto à *ordem espiritual*, se recorda aos fiéis que a revelação divina se concentra na Aliança entre Deus e seu povo. A razão de mencionar-se o nome de Jacó em paralelo com Israel é o fato de ambos designarem o Povo de Deus. Nos Salmos alude-se a Jacó como epônimo do povo israelita para fazer-lhe elogios. A Aliança divina, embora estabelecida no passado, mantém-se em vigor por todo sempre, com suas exigências éticas e religiosas, que afetam a existência pessoal e comunitária, pois estreitam entre si a relação de convivência social e consolidam a união com Deus.

Oração

Oração de louvor para despertar nosso amor para com Deus, que manifestou seu poder na restauração do Povo Eleito (v. 2-6), realizou os desígnios de sua providência para com os necessitados (v. 7-11) e concedeu grandes benefícios aos fiéis, como prova de seu amor de predileção (v. 12-20).

Contexto

Este hino de louvor data do período pós-exílico.

TEMA ESPECIAL

Ação de Deus na história e na ecologia

Na história é que Deus atua, como as religiões nos falam e se dão conta da presença dele e levam-nos a acolhê-la. Além disso, o que a religião bíblica explicita é a percepção dos sinais da presença divina como também o modo da revelação que não se realiza através dos fenômenos naturais, mas através dos acontecimentos da história. É que os fenômenos da natureza não são unívocos, mas vagos e difusos como também as explicações que tanto o folclore como a literatura esotérica apresentam. Por outro lado, o relato dos acontecimentos históricos na Bíblia têm significado mais profundo porque neles se manifesta a palavra de Deus, indicando os desígnios divinos a respeito do homem. Outrossim, esses acontecimentos transmitem a revelação divina sobre a natureza de Deus e sua ação na história. É importante notar que a atuação de Deus na história precisa da comprovação por autores inspirados aos quais cabe a tarefa de discernir entre artes mágicas e obras de intervenção divina, e por isso eles se restringem a relatar unicamente a ações divinas na história do Povo de Deus. São acontecimentos marcantes para o povo de Israel em sua história e repercutem para toda a humanidade desde os primórdios até os tempos atuais. O nome que se deu a essa série de acontecimentos de relevância para toda a humanidade é a *história da salvação* que se realiza no mundo com a ajuda do Povo de Deus. É de notar-se que a mediação do Povo de Deus é fundamental, caso contrário seria apenas virtual sem atualidade objetiva na história. Esse povo é que representa a mão de Deus atuando no mundo. No AT era o Povo Eleito que representava a mão direita de Deus, ao passo que no NT é a Igreja que tem a função de representar a mão esquerda de Deus. O que têm em comum são as respectivas comunidades de fé: no AT era a comunidade soteriológica do Templo, e no NT é a comunidade cristológica reunida à presença de Deus na Sta. Missa. Ambas são comunidades de fé com a função de capacitar os fiéis a atuar como portadores de dons salvíficos para toda a humanidade.

Ecologia

Na ecologia, trata-se da atuação de Deus em favor da *vida* sobre a terra, e da colaboração humana na sua preservação. Esse conceito de vida diferencia-se tanto a respeito do lugar: "vida terrestre" e "vida eterna", quanto a respeito do mundo celeste transcendente ou do âmbito terreno: "vida natural" e "vida sobrenatural", como também das criaturas em geral: "vida vegetal, vida animal" e "vida humana". Todos os seres criados que existem na terra, no céu e no mar são elementos constitutivos do mundo, caracterizando-o como "cosmo" em oposição ao "caos" onde falta a vida. Entretanto, esse mundo consiste como "cosmo" por causa da função vital e da harmonia entre todos os seres criados que estão em relação pela sintonia e dependência para proveito comum. Lembramos também a concepção bíblica sobre os astros, cuja função prática é de marcar o tempo sem relevância para a crença na astrologia.

A relação de influência mútua na natureza está sujeita às leis nela inerentes e precisamente através das leis da natureza é que o Criador atua no mundo. A primeira dessas leis é a fonte da vida que é a própria vitalidade de JAVÉ, que está acima do mundo físico e espiritual por ser o Autor da vida. É ele que nos dá a capacidade de participar da sua vida (Sl 8,6), da sua natureza (Sl 19,14) e da sua ação (Sl 29,11). Alguns seres criados têm uma vida transitória no ciclo do crescimento e de sua existência tanto no mundo vegetal como no reino animal. Quanto à transcendência da vida humana como vida imortal, a Bíblia ilustra-a com o fruto da "árvore da vida", que se obtém não por iniciativa humana, mas como dom de Deus. Daí que a imortalidade não é "fruto de uma árvore mágica", que alguns indivíduos possam adquirir por si mesmos, mas é dom de Deus, por ser de cunho preternatual. O que ressalta na Bíblia é que o dom da vida não é apenas um princípio vital entre os componentes que entram na estrutrura dos seres vivos do mundo, mas tem algo a mais porque depende da causa transcendental transmitida por Deus que nos seres humanos se reveste com o dom sobrenatural no momento da ressurreição. Ora, o ser animal não é capaz de receber o dom sobrenatural, porque não tem alma imortal que possa ser enriquecida com dons preternaturais.

Bibliografia

ALONSO SCHÖKEL, Luís & CARNITI, Cecília, *Salmos* I-II. *Tradução, introdução e comentário* (Trad. J. Rezende Costa), São Paulo, Paulus, 1998 (Grande Comentário Bíblico), [Original espanhol 1992].

ANET, *Ancient Near Eastern Texts relating to the Old Testament*, ed. James B. Pritchard 2. ed. ampliada, Princeton, NJ, Princeton University Press, 1955.

ARCONADA, Ricardo, "Los Salmos", em *La Sagrada Escritura* IV, Professores de la Compañía de Jesús, Madrid, BAC 293, 1969, p. 1-430.

BRUGSCH, H., *Thesaurus Inscriptionum Aegyptiacarum* I, J.C. Heinrich'sche Buchhandlung, Leipzig, 1883.

CLIFFORD, Richard J., "Salmos", em *Comentário Bíblico* II, de Dianne Bergant & Robert J. Karris (Trad. B.T. Lambert), 3. ed., São Paulo, Loyola, 2001 (Original inglês: *The Collegeville Bible Commentary*, 1989, p. 185-211).

CORDEIRO, M.G., "Libro de los Salmos", em *Bíblia Comentada* IV, Professores de Salamanca, Madrid BAC 218, 1967, p. 176-674.

DHORME, P., *Le livre de Job*, Paris, Gabalda, 1926.

FOHRER, G., *Hiob*, Gütersloh, Bertelsmann, 1963.

GESENIUS, W. & KAUTZSCH, E., *Gesenius' Hebrew Grammar* (Trad. da 28a ed. alemã 1909, por A.E. Cowley), 2. ed., Oxford, Clarendon Press, 1910 (abrev. GK).

GORDIS, R., *The Book of Job*, New York, JTSA, 1978.

GROSS, H., *Ijob*, DNEB 13, Würzburg, Echter Verlag, 1986.

GUTIÉRREZ, G., *Falar de Deus a partir do Sofrimento do Inocente* (Trad. L.M.E. Orth), Petrópolis, Vozes, 1987 (Original espanhol 1986).

HABEL, N. C., *The Book of Job*, Philadelphia, Westminster Press, 1985.

JOÜON, P. & MURAOKA, T., *A Grammar of Biblical Hebrew*, vol. I, Part 1: Orthography and Phonetics, Part 2: Morphology; vol. II, Part 3: Syntax (Subsidia Biblica: 14/I-II), Rome, P.I.B., 1991 (abrev. JM).

JUNG, C. G., *Resposta a Jó*, Obras Completas XI/4 (Trad. M.R. Rocha), Petrópolis, Vozes, 1979 (Original alemão 1971).

LÉVÊQUE, J., *Job et son Dieu* I-II, Paris, Gabalda, 1970.

LIPPERT, P., *E Jó disse a Deus* (Trad. G. Hamrol), Lisboa, Aster, 1958 (Original alemão 1934).

MORIN, D., *Para falar de Deus* (Trad. N.S. Penteado), São Paulo, Loyola, 1993 (Original francês 1989).

POPE, M. H., *Job*, AB 15, Garden City, N.Y., Doubleday, 1965.

SANTO AGOSTINHO, *Comentário aos Salmos* I-III (Trad. Monjas beneditinas Caxambu), São Paulo, Paulus 1997-1998 (Original em latim: *Enarrationes in Psalmos*).

STADELMANN, Luís I. J., *Os Salmos: Comentário e Oração*, Vozes, Petrópolis, 2001.

TERRIEN, S., *Jó* (Trad. B. Lemos), São Paulo, Paulus, 1994 (Original francês 1963).

WEISER, Artur, *Das Buch Hiob*, 6ª. ed., Göttingen, Vandenhoeck & Ruprecht, 1974.

———, *Os Salmos* (Trad. E. A. Royer), São Paulo, Paulus, 1994 (Grande Comentário Bíblico), [Original alemão 1979].

WESTERMANN, C., *The Structure of the Book of Job*, Philadelphia, Westminster Press, 1977.

WOLFERS, D., *Deep Things out of Darkness: The Book of Job*, Grand Rapids, MI, Eerdmans, 1995.

DISTRIBUIDORES DE EDIÇÕES LOYOLA

Se o(a) senhor(a) não encontrar qualquer um de nossos livros em sua livraria preferida ou em nossos distribuidores, faça o pedido por reembolso postal à:
Rua 1822 nº 347, Ipiranga – CEP 04216-000 – São Paulo, SP
Caixa Postal 42.335 – CEP 04218-970 – São Paulo, SP
Tel.: 11 6914-1922 – **Fax:** 11 6163-4275
vendas@loyola.com.br   www.loyola.com.br

BAHIA

LIVRARIA E DISTRIBUIDORA MULTICAMP LTDA.
Rua Direita da Piedade, 203 – Piedade
Tel.: (71) 2101-8010 / 2101-8009
Telefax: (71) 3329-0109
40070-190 Salvador, BA
multicamp@uol.com.br

MINAS GERAIS

ASTECA DISTRIBUIDORA DE LIVROS LTDA.
Rua Costa Monteiro, 50 e 54
Bairro Sagrada Família
Tel.: (31) 3423-7979 • Fax: (31) 3424-7667
31030-480 Belo Horizonte, MG
distribuidora@astecabooks.com.br

MÃE DA IGREJA LTDA.
Rua São Paulo, 1054/1233 – Centro
Tel.: (31) 3213-4740 / 3213-0031
30170-131 Belo Horizonte, MG
maedaigrejabh@wminas.com

RIO DE JANEIRO

ZÉLIO BICALHO PORTUGAL CIA. LTDA.
Vendas no Atacado e no Varejo
Av. Presidente Vargas, 502 – sala 1701
Telefax: (21) 2233-4295 / 2263-4280
20071-000 Rio de Janeiro, RJ
zeliobicalho@prolink.com.br

EDITORA VOZES LTDA – SEDE
Rua Frei Luis, 100 – Centro
25689-900 Petrópolis, RJ
Tel.: (24) 2233-9017 • Fax: (24) 2246-5552
vozes62@uol.com.br

RIO GRANDE DO SUL

LIVRARIA E EDITORA PADRE REUS
Rua Duque de Caxias, 805
Tel.: (51) 3224-0250 • Fax: (51) 3228-1880
90010-282 Porto Alegre, RS
livrariareus@livraria-padre-reus.com.br

SÃO PAULO

DISTRIBUIDORA LOYOLA DE LIVROS LTDA.
Vendas no Atacado
Rua São Caetano, 959 – Luz
Tel.: (11) 3322-0100 • Fax: (11) 3322-0101
01104-001 São Paulo, SP
vendasatacado@livrarialoyola.com.br

LIVRARIAS PAULINAS
Via Raposo Tavares, km 19,145
Tel.: (11) 3789-1425 / 3789-1423
Fax: (11) 3789-3401
05577-300 São Paulo, SP
expedicao@paulinas.org.br

REVENDEDORES DE EDIÇÕES LOYOLA

AMAZONAS

EDITORA VOZES LTDA.
Rua Costa Azevedo, 105 – Centro
Tel.: (92) 3232-5777 • Fax: (92) 3233-0154
69010-230 Manaus, AM
vozes61@uol.com.br

LIVRARIAS PAULINAS
Av. 7 de Setembro, 665
Tel.: (92) 3633-4251 / 3233-5130
Fax: (92) 3633-4017
69005-141 Manaus, AM
livmanaus@paulinas.org.br

BAHIA

EDITORA VOZES LTDA.
Rua Carlos Gomes, 698A –
Conjunto Bela Center – loja 2
Tel.: (71) 3329-5466 • Fax: (71) 3329-4749
40060-410 Salvador, BA
vozes20@uol.com.br

LIVRARIAS PAULINAS
Av. 7 de Setembro, 680 – São Pedro
Tel.: (71) 3329-2477 / 3329-3668
Fax: (71) 3329-2546
40060-001 Salvador, BA
livsalvador@paulinas.org.br

BRASÍLIA

EDITORA VOZES LTDA.
SCLR/Norte – Q. 704 – Bloco A n. 15
Tel.: (61) 3326-2436 • Fax: (61) 3326-2282
70730-516 Brasília, DF
vozes09@uol.com.br

LIVRARIAS PAULINAS
SCS – Q. 05 / Bl. C / Lojas 19/22 – Centro
Tel.: (61) 3225-9595 • Fax: (61) 3225-9219
70300-500 Brasília, DF
livbrasilia@paulinas.org.br

CEARÁ

EDITORA VOZES LTDA.
Rua Major Facundo, 730
Tel.: (85) 3231-9321 • Fax: (85) 3231-4238
60025-100 Fortaleza, CE
vozes23@uol.com.br

LIVRARIAS PAULINAS
Rua Major Facundo, 332
Tel.: (85) 226-7544 / 226-7398
Fax: (85) 226-9930
60025-100 Fortaleza, CE
livfortaleza@paulinas.org.br

ESPÍRITO SANTO

LIVRARIAS PAULINAS
Rua Barão de Itapemirim, 216 – Centro
Tel.: (27) 3223-1318 / 0800-15-712
Fax: (27) 3222-3532
29010-060 Vitória, ES
livvitoria@paulinas.org.br

GOIÁS

EDITORA VOZES LTDA.
Rua 3, nº 291
Tel.: (62) 3225-3077 • Fax: (62) 3225-3994
74023-010 Goiânia, GO
vozes27@uol.com.br

LIVRARIA ALTERNATIVA
Rua 70, nº 124 – Setor Central
Tel.: (62) 3229-0107 / 3224-4292
Fax: (62) 3212-1035
74055-120 Goiânia, GO
distribuidora@livrariaalternativa.com.br

LIVRARIAS PAULINAS
Av. Goiás, 636
Tel.: (62) 224-2585 / 224-2329
Fax: (62) 224-2247
74010-010 Goiânia, GO
livgoiania@paulinas.org.br

MARANHÃO

EDITORA VOZES LTDA.
Rua da Palma, 502 – Centro
Tel.: (98) 3221-0715 • Fax: (98) 3222-9013
65010-440 São Luís, MA
livrariavozes@terra.com.br

LIVRARIAS PAULINAS
Rua de Santana, 499 – Centro
Tel.: (98) 232-3068 / 232-3072
Fax: (98) 232-2692
65015-440 São Luís, MA
fspsaoluis@elo.com.br

MATO GROSSO

EDITORA VOZES LTDA.
Rua Antônio Maria Coelho, 197A
Tel.: (65) 3623-5307 • Fax: (65) 3623-5186
78005-970 Cuiabá, MT
vozes54@uol.com.br

MINAS GERAIS

ASTECA DISTRIBUIDORA DE LIVRO LTDA.
Av. Dr. Cristiano Guimarães, 2127
sala 108 – Planalto
Tel.: (31) 3443-3990
31720-300 Belo Horizonte, MG

EDITORA VOZES LTDA.
Rua Sergipe, 120 – loja 1
Tel.: (31) 3226-9010 • Fax: (31) 3226-7797
30130-170 Belo Horizonte, MG
vozes04@uol.com.br

Rua Tupis, 114
Tel.: (31) 3273-2538 • Fax: (31) 3222-4482
30190-060 Belo Horizonte, MG
vozes32@uol.com.br

Rua Espírito Santo, 963
Tel.: (32) 3215-9050 • Fax: (32) 3215-8061
36010-041 Juiz de Fora, MG
vozes35@uol.com.br

LIVRARIAS PAULINAS
Av. Afonso Pena, 2142
Tel.: (31) 3269-3700 • Fax: (31) 3269-3730
30130-007 Belo Horizonte, MG
livbelohorizonte@paulinas.org.br

Rua Curitiba, 870 – Centro
Tel.: (31) 3224-2832 • Fax: (31) 3224-2208
30170-120 Belo Horizonte, MG
gerencialivbelohorizonte@paulinas.org.br

PARÁ

LIVRARIAS PAULINAS
Rua Santo Antônio, 278 – B. do Comércio
Tel.: (91) 3241-3607 / 3241-4845
Fax: (91) 3224-3482
66010-090 Belém, PA
livbelem@paulinas.org.br

PARANÁ

EDITORA VOZES LTDA.
Rua Pamphilo de Assumpção, 554 – Centro
Tel.: (41) 3333-9812 • Fax: (41) 3332-5115
80220-040 Curitiba, PR
vozes21@uol.com.br

Rua Emiliano Perneta, 332 – loja A
Telefax: (41) 3233-1392
80010-050 Curitiba, PR
vozes64@uol.com.br

Rua Senador Souza Naves, 158-C
Tel.: (43) 3337-3129 • Fax: (43) 3325-7167
86020-160 Londrina, PR
vozes41@uol.com.br

LIVRARIAS PAULINAS
Rua Voluntários da Pátria, 225
Tel.: (41) 3224-8550 • Fax: (41) 3223-1450
80020-000 Curitiba, PR
livcuritiba@paulinas.org.br

Av. Getúlio Vargas, 276 – Centro
Tel.: (44) 226-3536 • Fax: (44) 226-4250
87013-130 Maringá, PR
livmaringa@paulinas.org.br

PERNAMBUCO, PARAÍBA, ALAGOAS, RIO GRANDE DO NORTE E SERGIPE

EDITORA VOZES LTDA.
Rua do Príncipe, 482
Tel.: (81) 3423-4100 • Fax: (81) 3423-7575
50050-410 Recife, PE
vozes10@uol.com.br

LIVRARIAS PAULINAS
Rua Duque de Caxias, 597 – Centro
Tel.: (83) 241-5591 / 241-5636 • Fax: (83) 241-6979
58010-821 João Pessoa, PB
livjpessoa@paulinas.org.br

Rua Joaquim Távora, 71
Tel.: (82) 326-2575 • Fax: (82) 326-6561
57020-320 Maceió, AL
livmaceio@paulinas.org.br

Rua João Pessoa, 224 – Centro
Tel.: (84) 212-2184 • Fax: (84) 212-1846
59025-200 Natal, RN
livnatal@paulinas.org.br

Rua Frei Caneca, 59 – Loja 1
Tel.: (81) 3224-5812 / 3224-6609
Fax: (81) 3224-9028 / 3224-6321
50010-120 Recife, PE
livrecife@paulinas.org.br

RIO DE JANEIRO

EDITORA VOZES LTDA.
Rua México, 174 – Sobreloja – Centro
Telefax: (21) 2215-0110 / 2533-8358
20031-143 Rio de Janeiro, RJ
vozes42@uol.com.br

LIVRARIAS PAULINAS
Rua 7 de Setembro, 81-A
Tel.: (21) 2232-5486 • Fax: (21) 2224-1889
20050-005 Rio de Janeiro, RJ
livjaneiro@paulinas.org.br

Rua Dagmar da Fonseca, 45
Loja A/B – Bairro Madureira
Tel.: (21) 3355-5189 / 3355-5931
Fax: (21) 3355-5929
21351-040 Rio de Janeiro, RJ
livmadureira@paulinas.org.br

Rua Doutor Borman, 33 – Rink
Tel.: (21) 2622-1219 • Fax: (21) 2622-9940
24020-320 Niterói, RJ
livniteroi@paulinas.org.br

ZÉLIO BICALHO PORTUGAL CIA. LTDA.
Rua Marquês de S. Vicente, 225 – PUC
Prédio Cardeal Leme – Pilotis
Telefax: (21) 2511-3900 / 2259-0195
22451-041 Rio de Janeiro, RJ

Centro Tecnologia – Bloco A – UFRJ
Ilha do Fundão – Cidade Universitária
Telefax: (21) 2290-3768 / 3867-6159
21941-590 Rio de Janeiro, RJ
livrarialiança@prolink.com.br

RIO GRANDE DO SUL

EDITORA VOZES LTDA.
Rua Riachuelo, 1280
Tel.: (51) 3226-3911 • Fax: (51) 3226-3710
90010-273 Porto Alegre, RS
vozes05@uol.com.br

LIVRARIAS PAULINAS
Rua dos Andradas, 1212 – Centro
Tel.: (51) 3221-0422 • Fax: (51) 3224-4354
90020-008 Porto Alegre, RS
livpalegre@paulinas.org.br

RONDÔNIA

LIVRARIAS PAULINAS
Rua Dom Pedro II, 864 – Centro
Tel.: (69) 3224-4522 • Fax: (69) 3224-1361
78900-010 Porto Velho, RO
fsp-pvelho@ronet.org.br

SANTA CATARINA

EDITORA VOZES
Rua Jerônimo Coelho, 308
Tel.: (48) 3222-4112 • Fax: (48) 3222-1052
88010-030 Florianópolis, SC
vozes45@uol.com.br

SÃO PAULO

DISTRIB. LOYOLA DE LIVROS LTDA.
Vendas no Varejo
Rua Senador Feijó, 120
Telefax: (11) 3242-0449
01006-000 São Paulo, SP
senador@livrarialoyola.com.br

Rua Barão de Itapetininga, 246
Tel.: (11) 3255-0662 • Fax: (11) 3231-2340
01042-001 São Paulo, SP
loyola_barao@terra.com.br

Rua Quintino Bocaiúva, 234 – Centro
Tel.: (11) 3105-7198 • Fax: (11) 3242-4326
01004-010 São Paulo, SP
atendimento@livrarialoyola.com.br

EDITORA VOZES LTDA.
Rua Senador Feijó, 168
Tel.: (11) 3105-7144 • Fax: (11) 3105-7948
01006-000 São Paulo, SP
vozes03@uol.com.br

Rua Haddock Lobo, 360
Tel.: (11) 3256-0611 • Fax: (11) 3258-2841
01414-000 São Paulo, SP
vozes16@uol.com.br

EDITORA VOZES LTDA.
Rua dos Trilhos, 627 – Mooca
Tel.: (11) 6693-7944 • Fax: (11) 6693-7355
03168-010 São Paulo, SP
vozes37@uol.com.br

Rua Barão de Jaguara, 1097
Tel.: (19) 3231-1323 • Fax: (19) 3234-9316
13015-002 Campinas, SP
vozes40@uol.com.br

CENTRO DE APOIO AOS ROMEIROS
Setor "A", Asa "Oeste"
Rua 02 e 03 – Lojas 111 / 112 e 113 / 114
Tel.: (12) 564-1117 • Fax: (12) 564-1118
12570-000 Aparecida, SP
vozes56@uol.com.br

LIVRARIAS PAULINAS
Rua Domingos de Morais, 660 – V. Mariana
Tel.: (11) 5081-9330
Fax: (11) 5549-7825 / 5081-9366
04010-100 São Paulo, SP
livdomingos@paulinas.org.br

Rua XV de Novembro, 71
Tel.: (11) 3106-4418 / 3106-0602
Fax: (11) 3106-3535
01013-001 São Paulo, SP
liv15@paulinas.org.br

LIVRARIAS PAULINAS
Av. Marechal Tito, 981 – São Miguel Paulista
Tel.: (11) 6297-5756 • Fax: (11) 6956-0162
08010-090 São Paulo, SP
livsmiguel@paulinas.org.br

PORTUGAL

MULTINOVA UNIÃO LIV. CULT.
Av. Santa Joana Princesa, 12 E
Tel.: 00xx351 21 842-1820 / 848-3436
1700-357 Lisboa, Portugal

DISTRIB. DE LIVROS VAMOS LER LTDA.
Rua 4 de infantaria, 18-18A
Tel.: 00xx351 21 388-8371 / 60-6996
1350-006 Lisboa, Portugal

EDITORA VOZES
Av. 5 de outubro, 23
Tel.: 00xx351 21 355-1127
Fax: 00xx351 21 355-1128
1050-047 Lisboa, Portugal
vozes@mail.telepac.pt

Este livro foi composto nas famílias tipográficas
Else NPL
e impresso em papel pólem 90g/m²

Edições Loyola

editoração impressão acabamento
rua 1822 nº 347
04216-000 são paulo sp
T 55 11 6914 1922
F 55 11 6163 4275
www.loyola.com.br